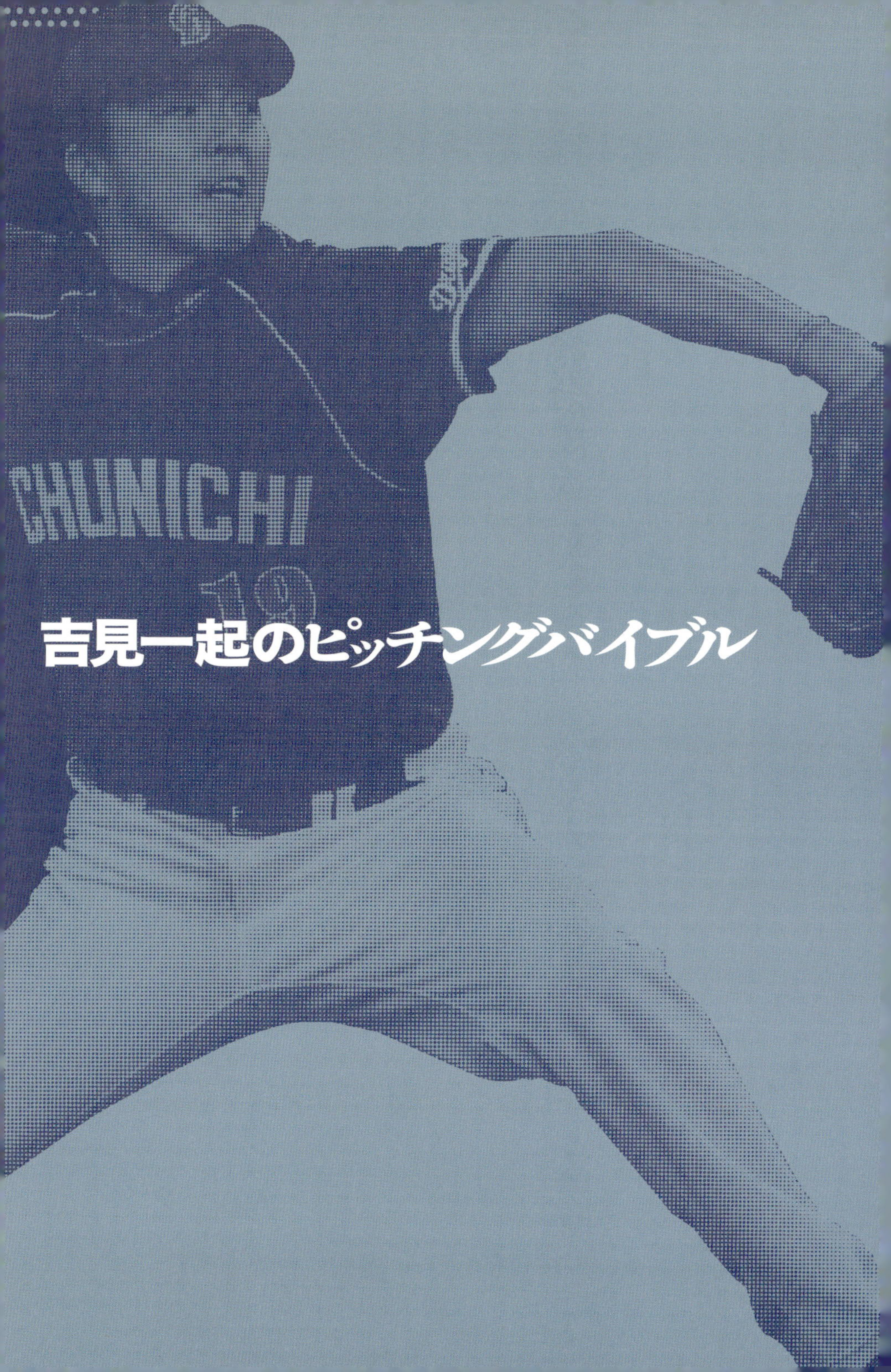

吉見一起のピッチングバイブル

YOSHIMI
19

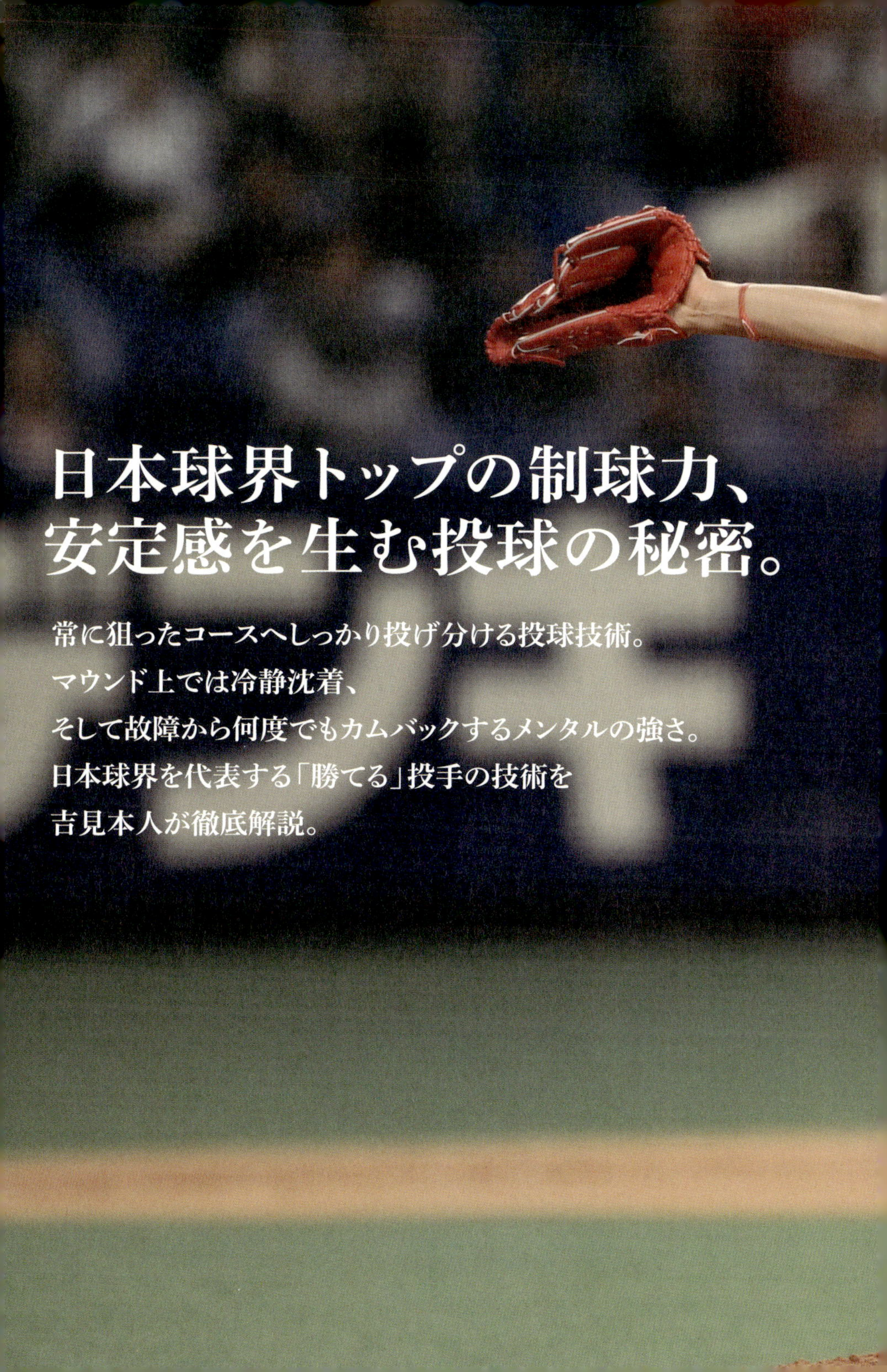

日本球界トップの制球力、安定感を生む投球の秘密。

常に狙ったコースへしっかり投げ分ける投球技術。
マウンド上では冷静沈着、
そして故障から何度でもカムバックするメンタルの強さ。
日本球界を代表する「勝てる」投手の技術を
吉見本人が徹底解説。

PROLOGUE

3度目の決断

「一度、肩は作ったんですけどね…」

年が明け、春季キャンプ直前に行われた取材の冒頭、吉見は無念の表情を浮かべながらそう語った。WBCの日本代表候補に選ばれ、12年シーズン終了後から調整を進めていたが、右ひじの不安が解消されず大事をとって代表入りを辞退。何とかレギュラーシーズンに間に合わせたが、それでも状態が思わしくなく、5月7日の東京ヤクルトスワローズ戦後に登録を抹消。そして5月21日に中日球団から、右ひじ内側側副靱帯《じんたい》の再建手術を受けることが正式に発表された。

通称「トミー・ジョン手術」と言われるこの再建手術は、復帰までに最低でも1年を要する。それでも吉見は「30歳を前にラストチャンスだと思った。目先のことよりも、1年でも長く野球がしたい」と決断の経緯を説明。自身のブログでも「長いリハビリになりますが、諦めず前を向いて地道に頑張ります。絶対に復活して、レベルアップしてマウンドに帰ってきます」とファンに向けてメッセージを送った。

手術は6月4日に行われ無事に成功。その後は、これまで何度も投げ合い、同じく13年4月にトミー・ジョン手術を受けたスワローズの館山昌平からも直々にアドバイスをもらうなど、笑顔を失うことなく地道なリハビリに励んでいる。

吉見が右ひじにメスを入れるのは今回が3度目。1度目は04年の社会人時代で2度目は10年シーズン終了後の12月。20代という年齢を考えれば多い数だ。しかし、これまでの経験があったからこそ現在のスタイルが確立されたのもまた事実。本書にも、身体に負担のかからないフォーム作りや、ストレートの速さを捨て制球力に活路を見出したプロセスが本人の言葉で記されている。

また、中日ドラゴンズが近年獲得した大野雄大、福谷浩司、浜田達郎らに代表されるように、以前は敬遠されがちだった、故障持ちや手術歴がある選手の積極的な獲得背景にも、吉見の存在が影響していると考えられる。彼らは皆、潜在能力の高さを買われてドラフト上位指名。球団側は「吉見のような育成方針で」との青写真を描いているだろう。

本書ではそんな経験豊富な吉見に密着し、トレーニング方法から登板日のコンディション調整、さらには投手哲学に至るまで、事細かく紹介する。「吉見 一起の作り方」とでも言うべき本書が、みなさんのレベルアップに繋がれば幸いである。

第三章　アジャスト

第四章　コンディショニング

第五章　球種

CONTENTS

目次

第六章 トレーニング

第七章 インタビュー

コラム

エピローグ

第一章

CHAPTER 1 ＞ CATCH BALL

キャッチボール

投球に直結する
正しいキャッチボール方法。

※印の付いている用語は166～171Pに用語解説を掲載した

CHAPTER 1 | CATCH BALL

キャッチボールを「単純作業」にしない

常に発見を求めている

僕にとってキャッチボールは基本中の基本。毎日のキャッチボールさえしっかりできていれば、投げ込みは必要ないと思っているし、毎日毎日、一球一球を大切にしている。

第一に考えていることは、しっかり右足で立つということ。ヘソの下あたりを意識しながら、じっくり始動するということを心がけている。

キャッチボール自体が単純な動きだから、あくまで基本は大事にしながらも、毎回、同じことを考えるのではなく、常に新しい発見を心がけている。「あっ、こんな投げ方もあるのか」というふうに。

例えば、グラブを持っている左腕の動き一つをとってみても、単純に相手方向にしっかりグラブを向けるとか、グラブを出したあとに、その状態のまま一定時間、我慢するとか、左腕を上げる動作だけでもいろんなことを考えている。

基本的には、立ってからの移動時間を長くして、極端に言うと、左足が付いた瞬間に右腕が顔の横にあり、体感的には巻き込む感覚。実際のゲームではできないけど、そういうイメージを常に持ちながら、日々のキャッチボールに取り組んでいる。

キャッチボールで大事なことは、まず右足（＝軸足）でしっかり立つこと

左手のグラブの動かし方も、いろいろ試している

グラブを前に出した状態で一定時間、
我慢することもある

左腕だけではなく、左肩や右ひざもそう。各パーツにおけるそれぞれの過程で、いろんなチャレンジを繰り返している。

経験上でわかる自分のクセ

投げるボールの軌道は常に一定じゃない。だから自分の状態を把握するためにもキャッチボールは重要。

　自分の場合、オフが明けた投げ出しの時期って、身体が開いてしまっている状態だから絶対にシュート回転する。でも、だからといって、まだ投げ始めたばかりの頃から、身体が開かないように「入れて、入れて」と思って投げてしまうと余計におかしくなる。これまでの経験を重ねた上で言えることは、この時期のシュート回転は「問題ない」ということ。だからといって、そのままがっつり開いた状態で投げるのはもちろん良くない。あくまでも自分の思い描いたフォームでシュート回転しても、投げ出しの時期に関しては全然いいと思っている。

　逆に、そんな早い時期から綺麗な真っ直ぐを投げられた方が、いまは不安を感じる。他のピッチャーを見ていても、そのときは「いいボールを投げてるな」と思う反面、「この時期からあんなんで

グラブを投げる方向へしっかり向けることも大事になる

キャッチボールがしっかりできれば、投げ込みはそこまで必要ではない

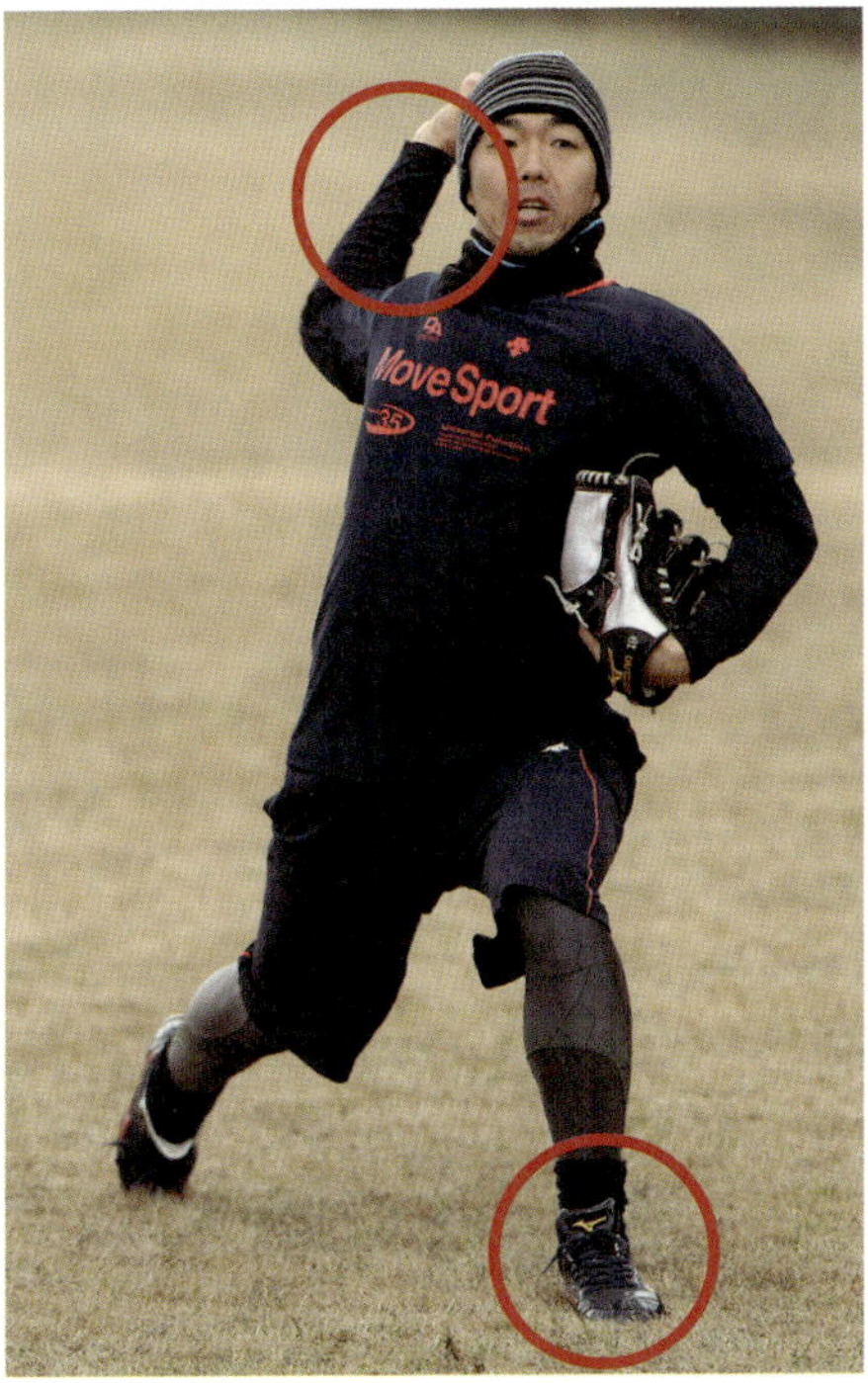

左足が着地した際に、右腕は顔の横にあるイメージを大事にする

左腕だけでなく、左肩や右ひざなど、各部位においていろいろと試す

大丈夫かな?」と心配になる。しかも、この不安が当たるから怖い(笑)。浅尾とかを見てても、オフ明けはすごくシュート回転している。でも、ピッチング練習を重ねてキャンプの終わりの頃になると、しっかり直って綺麗な真っ直ぐを投げている。だから自分も、いまは「それでいいんだ」と思っている。身体がしっかり動くようになれば、シュート回転は時間とともに修正されている。

ドラゴンズ伝統の「サードスロー」(※)

ドラゴンズの投手はよく、サードスローという練習をやる。これは投手が不調に陥ったときの修正法。球場でやる場合は、三塁のコーチャーボックスから、一塁のコーチャーボックスくらいの距離。その距離で思い切り投げる。

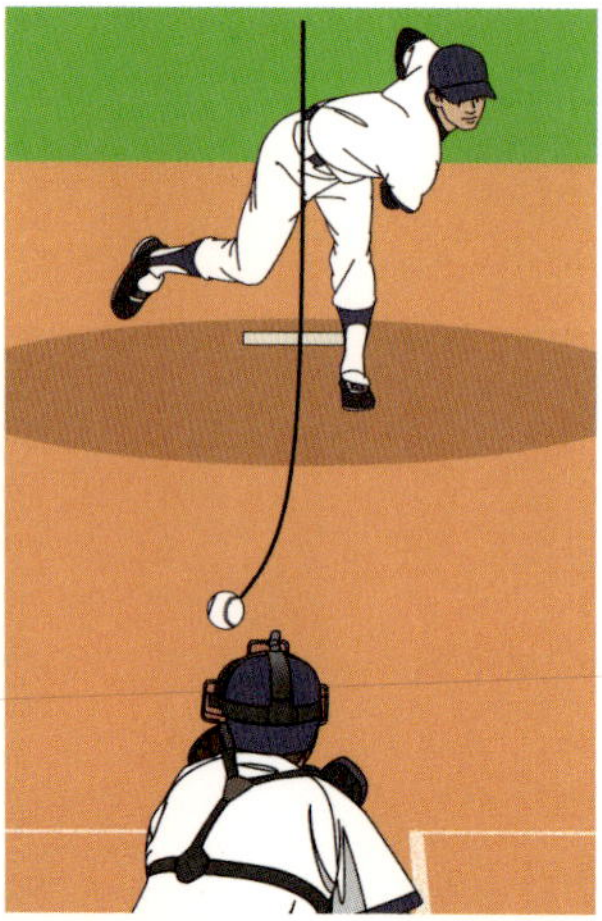

投げ始め時期にボールがシュート回転することは、気にする必要ない

ノック形式の場合もある。サードを守って、逆シングルで捕ってから投げる。この一連の動きが、ピッチャーがホームに向かって投げる角度と一緒だったりする。

その上、三塁ベースから一塁ベースまでって約30メートルくらいある。極端に言えば、マウンドからホームまでは上半身だけでも投げられるけど、約30メートルという距離は上半身だけで投げ続けるのは難しい。だからさっきの話に戻るけど、しっかりと下半身を使って投げるという意味で、このサードスローは効果的だ。

しかも、この練習で形さえ作れれば、マウンドでも力むことなく綺麗に投げられる。だからこの時期のサードスローはとても重要だと思っている。

遠投は70-80メートルの距離で自分のバランスを確認しながらおこなう

ピッチャーは、シーズンが終わってから約1カ月は、丸々投げない。だいたい12月くらいから肩を動かし始めて、僕の場合はここで、肩の筋肉を目覚めさせる。そして1月から作り出すという感じ。

さらに、そこから遠投などを取り入れて、いよいよピッチングに入って行く。でも僕の場合は、その間にサードスローをして、その次に30～40メートルくらいの距離をピッチングのように投げる。それを経て、いよいよピッチングという流れが通例。

キャッチボールでの注意点

普段のキャッチボールで気を使っている点は、肩がある程度できたからといって、いきなり長い距離の遠投をしないということ。始めに「今日は30メートルまで」と決めたら、いくら調子が良くてもそこで終わらせる。

人間って、新しいことをやろうとしたら、意外とできちゃうし、「ビギナーズラック」じゃないけど、ピッチャーもそういった勘違いを起こしやすい。しかも、実際にやろうと思えばある程度はできるし。

でも、そこでやれたとしても、次の日にはすぐに崩れて、最悪の場合は故障につながる。僕はそういったことを過去の経験で知っているので、しっかりと時間をかけて調整するように心がけている。

だから何度も言うけど、キャッチボール1つとっても、しっかり時間をかけてやることが大事。僕自身、ここ4年くらいは、それを心がけて実際にやれているし、冒頭で言ったように、僕はキャッチボールさえしっかりできていれば、練習でのピッチングはいらないと考えている。サードスローのように、30メートル投げる角度がマウンドと一緒なら、わざわざブルペンで投げる必要もない。でも、18・44メートルの距離で変化球の曲がりを確認しないといけないし、何かしらの不安もあるので、ブルペンに入ってその1つひとつの不安を取り除く作業を繰り返す。

頭の中で思い描く「ライン」(※)

遠投に関しては70~80メートルくらいの距離が自分にとってはベスト。身体のバランスを考えずに、むやみに100メートルの距離を投げても、僕はあんまり意味がないかなと思っている。速さや球威が武器のパワーピッチャーは別だと思うけど。僕の場合は、いかに一球のムダもなく、相手の胸に向かって投げられるかがテーマだから、その1つひとつの積み重ねが大事だと思っている。

そのときに意識しているのが「ライン」。簡単に説明すると「自分が思い描くボールの軌道」で、それをいつも意識しながら一球一球投げている。これはシーズン中の修正法でもあり、自分の感覚の中で「ズレてるな」と感じたときに取り入れている。

キャッチボールの Point!!

①ヘソの下を意識して、しっかりと軸足で立つ。
②グラブを持った腕の使い方をいろいろ試す。
③前足が地面に着いた瞬間に、ボールを持つ腕は顔の横。
④シュート回転は必ずしも悪くない。
⑤身体をしっかり使って投げる「サードスロー」。
⑥遠投は身体全体のバランスを考えて投げる。

約30メートルの距離を投球と同じように身体をしっかり使って投げる

下半身をしっかり使わないと約30メートルの距離は強く投げられない

CHAPTER 1 | CATCH BALL

3つの大切なチェックポイント

すべてが揃わないと思い通りに投げられない

キャッチボールや実際の投球でもそうだけど、僕は投げる過程の中で、左足のスパイク、左の外のひざ、あとは左の臀部。この3つのポイントを常に意識している。

自分では「目を置く」と表現しているけど、この3カ所で長い時間「見る」ということ。例えば、左肩なんかが早めにほどけてしまうと見えなくなってしまう。だからこそ、できるだけ長く見るということを意識している。

できれば足で長く見ていたいけど、そこを意識すると上半身の力

投球時に「目を置く」3つのポイント

左足のスパイク、左の外のひざ、左の臀部の3カ所をチェックポイントにしている

が抜けて、うまく力が伝わらない。だから、いまは左手や、肩で見るようにしている。

あと、僕の中で一の軸、二の軸、三の軸という基準があって、まず立つことが「一の軸」、体重移動して左足が着地したときが「二の軸」、そして投げ終わったあと、きれいに右足が着地したときが「三の軸」。この三つの軸を大切にしながらキャッチボールをしている。

だからこそしっかり立つことも、左手でしっかり我慢することも、この三つの軸も、僕の中ではすべてが大事。このすべてが噛み合わないと、思い通りに投げられない。

僕が力任せに勝負できるタイプの投手なら、この中の何かが欠けてもある程度は勝負できると思うけど、自分はフォームのブレをなくして、バランス良く投げないと、抑えられる確率はどんどん下がる一方だと思う。

投球時に重要な３つの「軸」

①「一の軸」まずは軸足で真っ直ぐに立つことが大切
②「二の軸」左足が着地した時に身体が開かず軸が真っ直ぐになる
③「三の軸」フォロー後に軸足が着地した際にも軸が真っ直ぐになる

プロ入り後の変化

社会人時代からドラフトの目玉として注目されてきた。だが右ひじの手術を受けたこともあり、どこか違和感を感じながらのドラゴンズ入団だった。それでもプロ1年目の9月には一軍登板を果たし初勝利も記録。日本シリーズでの登板も記録した。だが本人が納得できる状態ではなかったという。

「プロ入り後は痛みのようなものはなかったけど、試行錯誤の状態。右ひじの違和感、というか不安感のようなものがなくなったのはプロ2年目の途中だった」

転機となったのがプロ2年目のオフ、ドミニカ共和国でのウインターリーグに参加したことだった。

「ウインターリーグではいろいろなことを考えた。本当に良い経験ができたと思う。技術的なこともそうだけど、環境の部分も大きい。言葉で言うのは簡単だけど、ハングリー精神というか…。自分たちは本当に恵まれている中でやっていると感じた」

ウインターリーグに参加することで、自らについてこれまで以上にしっかり考えるようになった。そしてそれまでと変える部分も出てきた。

「以前は振りかぶってワインドアップで投げていた。でも何かを変えた方が良いと考えて、08年に思い切ってノーワインドアップにした。最初は違和感もあった。でも何かを変えるための一歩としてノーワインドアップにした」

人は安定を求め、変化から目を背けがちになる。だが吉見は現状を打破するため自ら変化を求めた。すると様々なものがうまく噛み合い始めたのだった。

変化を求めてノーワインドアップを採用した

第二章

CHAPTER 2 〉 PITCHING FORM

投球フォーム

狙ったコースに投げ分けるための投球フォーム。

1
2
3
7
8
9
13
14
15

6
5
4
12
11
10
18
17
16
YOSHIMI
19

4
5
6
10
11
12
16
17
18

1
2
3
7
8
9
13
14
15
CHUNICHI

投球開始時のPoint!!

①自分に適した方法で投球を開始する。
②プレート板の投げやすい場所に軸足を置く。
③状況によっては軸足の場所を変える。

CHAPTER 2 | PITCHING FORM

試行錯誤の末に見つけた自分独自のスタート地点

先輩のフォームを参考に

プロ入り当初はワインドアップ（※）で投げていたが、08年以降はノーワインドアップ（※）で投げている。

きっかけは故障。悪循環に陥ってモヤモヤしていた時期だったので、思い切って何かを変えようと思った。それで取り入れたのが、社会人時代（トヨタ自動車）の先輩にあたる、金子千尋さん（※）（バファローズ）の投球フォーム。本人に相談するわけでもなく、見よう見真似で始めた。改造当初は当然、違和感もあったけど、それよりも現状を打破したいという気持ちが強かった。でも、ノーワインドアップを自分のものにしたからこそ自分の今があるし、勝てる投手になれたと思う。

軸足の位置は「ひと拳ぶん」中

プレート（※）に乗せる足の位置

プレート板の踏む場所によって感覚が大きく変わる。自分に最も適した場所を見つけたい

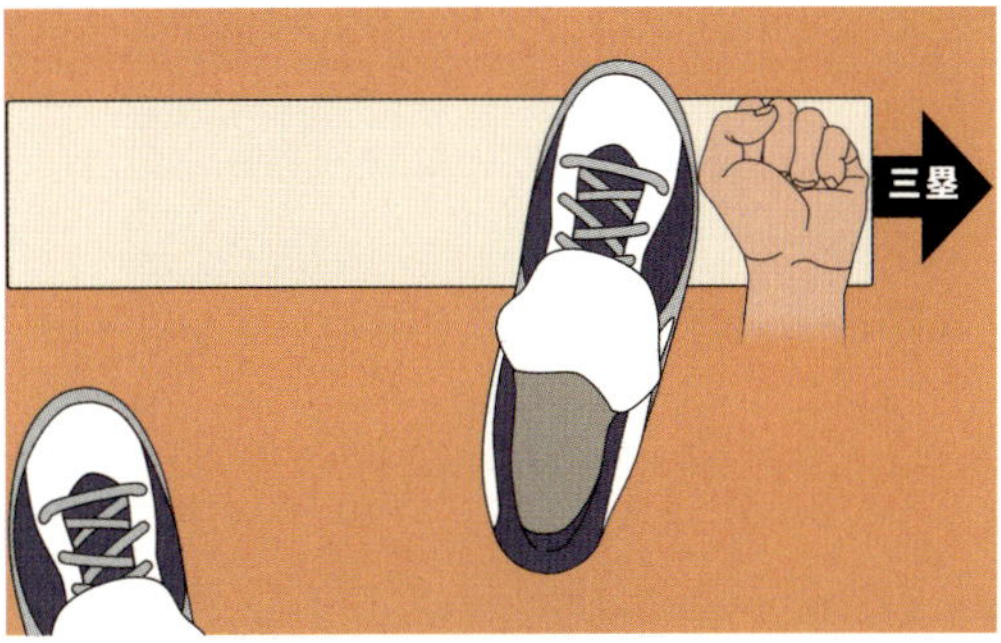

プレート板の三塁側から拳１個分の場所に軸足の小指を乗せる

はかなり独特だと思う。僕はプレートを真上から見た場合、三塁側の端を基準に、ひと拳ぶんのスペースを空けた位置に右足を置く。だからプレートの端でも真ん中でもない。具体的に言えば、プレートの右端から10センチくらい中に入った位置に、右足の中心を乗せる。

そこを軸に足を踏み替えて、モーションに入っていく感じ。ただ、ほとんどの投手はプレートの端から投げるんで、僕が投げたあとにできる穴と、他の右投手が投げたあとの穴の位置は違う。だから僕の方が内側から投げているぶんその目安を見失いやすいので、初回のマウンド(※)に上がる際は、毎回プレートの後ろ側に線を引いて、僕だけがわかる目印にしている。

柔らかいマウンドは特に穴が崩れやすくて嫌だけど、それでも端から投げるのと、真ん中寄りで投げるのとでは感覚がまったく違う。

前田健太のプレート板の踏み方も独特である

吉見の社会人時代の先輩にあたる金子千尋

真っ直ぐ、スライダー、シュートの感覚はさほど変わらないけど、フォークの感覚だけはまったく別。ほんの数センチが運命を分けるのだと実感した。

プレート板を踏む場所を決めたら、そこを軸に足を踏み替えて自然に投球動作に入って行くイメージを持つ

わずか数センチで世界が変わる

この位置がベストだと気づいたのは3年くらい前。きっかけは、納得のいくフォークが投げられなかったから。それまでは他の投手と同じように、プレートの端から角度をつけて投げようとしていたけど、どうしてもフォークだけが思うようにコントロールできなかった。そこでマウンド中央から投げたり、いろんなチャレンジをした結果、いまの位置が自分にとってベストだと気づいた。

今はほぼすべてのボールをこの位置から投げているけど、希にバッターの目線を惑わすという意味で、遊び感覚で一塁側の端っこから投げることもある。個人的な感覚かも知れないけど、ピッチャープレートの幅の中だけでも景色は変わる。

プレートの使い方にはそれぞれの個性が出て面白い。前田君（前田健太（※）／カープ）はセットポジション（※）のとき、右足がちょうどプレートと土に半分ずつ触れている。本人も「まったく違和感はない」と言っていたし、それで結果も残している。いまピッチャーをやっている選手たちも、従来の一般論にとらわれずに、自分のピッチングスタイルに合ったスタート地点を模索してほしい。

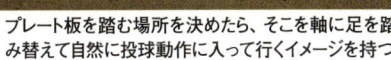

足を上げる時のPoint!!

①ヘソの下を意識してバランス良く立つ。
②左ひざの外側に「目」がある感覚で捕手を見る。
③バランスが悪い時はヘソの下を強く意識。

足を上げた時にはヘソの下を意識して真っ直ぐ立つことが重要になる

CHAPTER 2 | PITCHING FORM

足を上げて、最初の「軸」を作る

ヘソの下を中心にしっかりと立つ

投球動作の中で特に大事にしているのが「しっかり立つ」ということ。その瞬間は、目線の位置など、細かいことはあまり気にせず、とにかく右足一本でしっかり立つことを大きなテーマにしている。そのとき意識しているのがヘソの下の部分。少しでもバランスがおかしいと感じたときは、ヘソの下あたりを気にしながらチューニングを繰り返す。ここに関しては、昔からこだわっているし、いまでも大事にしている部分。

足を上げるときは「軸足でしっかりと土をつかむ」とよく聞くけど、僕はそこにはあまり意識を置くことはない。あくまでもヘソの下に意識を置いて、まずはバランスよく立つことを心がけている。

左ひざの外側に「目」がある感覚

キャッチボールの頁でも述べたが、足を上げる流れのなかでもうひとつ注意しているのがキャッチャーをしっかり見ること。ここでは左ひざの外側に目を置く感覚で、できるだけ長い時間バッターを見るようにしている。1の軸、2の軸、3の軸があり、この段階が1の軸にあたる。繰り返しになるけど、この3つの軸を毎回チェックしながらいつもキャッチボールをしている。

ただいくら自覚していても、疲労や精神面が影響して、試合中にバランスを崩して修正できないときもある。そういったときは正直どうしようもないので、イニング間に、もも上げ(※)をしたり、また別のアプローチで身体のキレを取り戻す努力を繰り返す。

もちろん相手も人間なので、

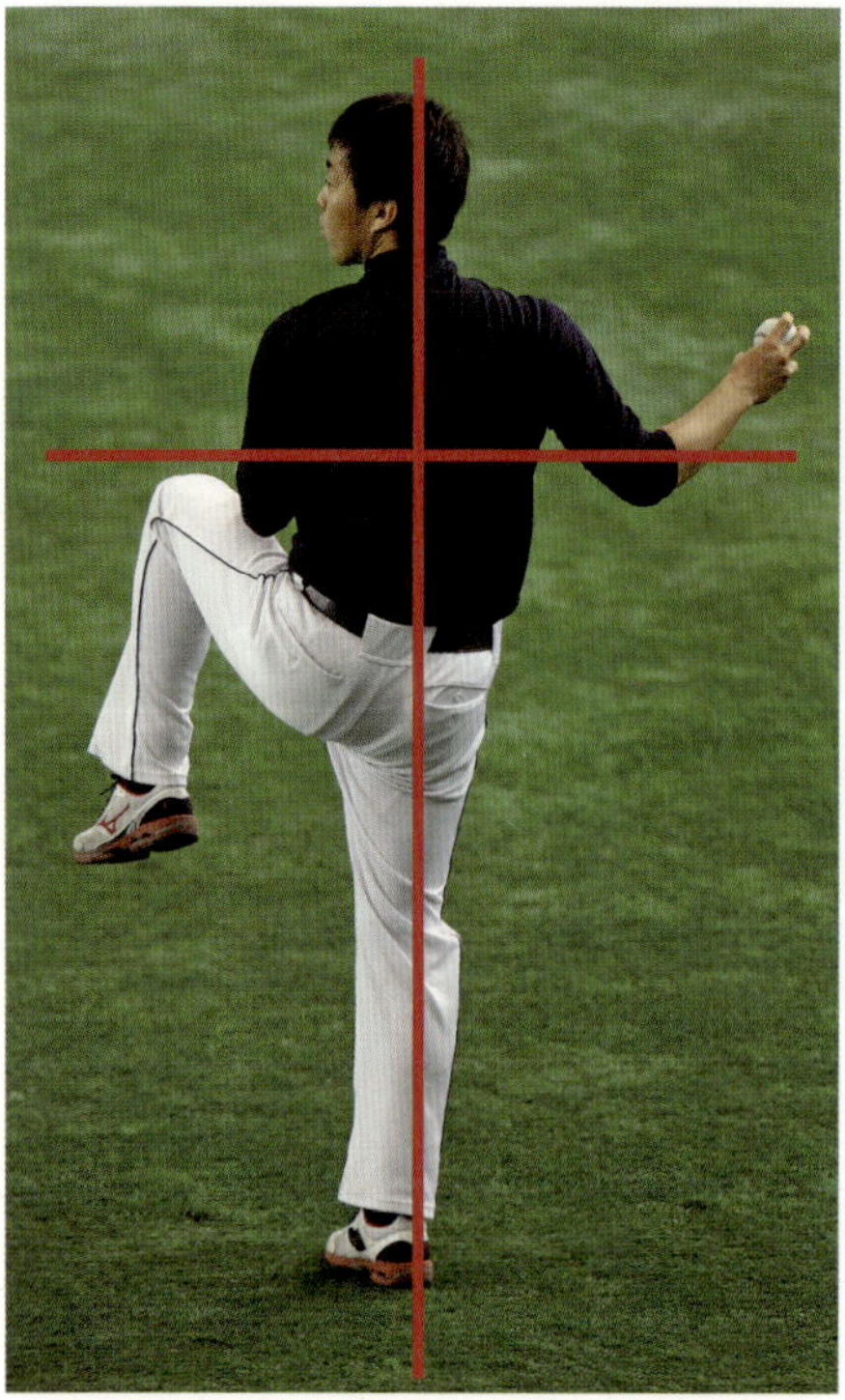

キャッチボールの時から真っ直ぐ立つことをしっかり意識する

こっちの調子が悪くても抑えられることもある。若い頃はそれで納得することはなかったけど、いまでは結果オーライと割り切れるようになった。これまでの経験というか、引き出しも多くなってきたから、精神的な余裕みたいなものが出てきた。

下：バランスがおかしいと感じたら、ヘソの下を意識しながらチューニングを重ねる
左：足を上げる時にはキャッチャーをしっかりと見ることも大事になる

テイクバック時のPoint!!

①意識せずとも捕手に向かってグラブをしっかり向ける。
②軸足が折れ過ぎないようにする。
③上半身は下半身に引っ張られるイメージ。

軸足のひざの角度に注意

CHAPTER 2 | PITCHING FORM

テイクバックの際にはグラブを捕手に真っ直ぐ向けているが意識はあまりしない

グラブは自然と真っ直ぐに…

テイクバック（※）の瞬間、まずはしっかりキャッチャーに向かってグラブを出す。このとき横から見ると、グラブがかなり前に出ているけど、これは意識的にやっているわけでもなく、力まないようにしようとした結果こうなった。

僕は制球力を評価されるピッチャーなので、よく「キャッチャーに向かって、ピーンとグラブが出ている」と指摘されるけど、本当にこれに関しては意識していないので答えようがない。でも、いいピッチャーの多くは、キャッチャーに向かって真っ直ぐグラブが出ている傾向にあるから、理論的には間違っていないと思う。

ひざが折れすぎるとパワーをロス

むしろ一番意識しているのは、グ

ラブをキャッチャーに突き出した瞬間の右ひざの状態。この角度はすごく気にしている。社会人時代は右ひざがいまよりも折れて、それが嫌で試行錯誤を繰り返した。簡単に言うと、折れることでパワーをロスしてるんじゃないかと……。

せっかく、しっかりと真っ直ぐ立って「さあ行くぞ」というときに、軸足が折れすぎると、それまでの流れが台無しになってしまう。だから若い頃はひざの折れ具合を写真や映像で見返すたびに気分が悪くなった（笑）。

キャッチボールの時から自然に捕手方向へグラブを出している

このとき、上半身の動きに関してはあまり気にしてはいない。疲労などの影響で、身体の開きが早くなったり、腕が下がり気味になっているなと感じたら修正するけど、基本的に上半身は下半身につられて出てくるものだから、そのままの流れに身を任せて腕を振ることを心がけている。

テイクバックに関しては、いろいろな失敗を繰り返すことで徐々に修正されてきたし、結果としていまのフォームに落ち着いた。もちろん進化の余地はまだあると思うけど、現時点ではいまのフォームが自分に合っていると思う。

上半身は下半身の動きに合わせて出てくるものなのであまり意識はしない

テイクバックでは腕の使い方よりも、軸足の角度を大事にしている。折れすぎるとパワーをロスしてしまうから注意が必要だ

重心移動時のPoint!!

①足を上げた時点でイメージした捕手までのラインを重視。
②イメージしたラインに身体を乗せるのみ。
③制球を重視するため体重を乗せる意識は強くない。

自分の中でのラインをイメージできれば
狙ったコースにしっかり投げることができる

イメージしたラインに身を委ねる

CHAPTER 2 | PITCHING FORM

制球力に対する自信

　重心移動に関してはキャッチボールの頁でも述べた通り「2の軸」。

　この過程では、キャッチャーミットまでの「ライン」を意識している。足を上げた段階でラインをイメージして、あとはラインに身体を乗せるだけ。それがしっかりイメージ通りに実践できれば、勝手にいいボールが行ってくれる。本当に体重移動の際は余計なことを考えていない。

　もちろん、ラインに乗せるだけでいいという確信に至るまでには、前頁でも述べたプレート上での足の置き場や軸足の角度のようにいろんな試行錯誤があった。でも、これらがある程度、形になってきた近年は、余計なことを考えずにトップに移行でき、偉そうかもしれないけど、投球の8割から9割

自分のイメージしたラインの上に身体を乗せるような感覚を持つ

は狙ったコースに行くようになった。ただ、トップ（※）の瞬間にはまた別の問題が発生するが、その詳細は次頁で。

制球力を重視した結果

ピッチャーによっては、体重移動に重きを置いてる人は結構いる。僕がそこにこだわらないのは、ボールの速さへの執着心がないからだ。

例えば、中継ぎや抑えなどのスピードボールが求められるピッチャーは、よりボールに体重を乗せようとする。理由は簡単で、体重を乗せればそのぶん球威が増すからだ。ただし、かつては僕自身も、もっと力強いボールを投げたいと思い試行錯誤を繰り返した。しかし、バランスが定まらず、球速が増すどころか長所である制球力も乱す結果となってしまった。

これらの経験から、いまのスタイルを確立する道を選んだ。2、3キロ球速が落ちても、狙ったところに投げられさえすれば簡単に打たれることはない。ラインをイメージしてそこに身を委ねる。いま強く意識しているのはそれだけ。

狙ったところへのラインをイメージしてそこへ身体を乗せて行くだけ

最後までラインに身体を乗せることができれば重心移動を強く意識する必要はない

トップ時の Point!!

①球場によってマウンドの傾斜が異なるから注意する。
②マウンドの下りの傾斜を身体に覚え込ませる。
③前足の着地を遅くするほどひじは上がる。

CHAPTER 2 | PITCHING FORM

突っ込むことでの利点と弊害

左足の着地が遅くなるほど、右ひじはより高い位置に上がる

マウンドの傾斜の違いに苦労

まず大前提として言っておきたいことは、僕が突っ込んで投げるタイプのピッチャーだということ。これは、マウンドの傾斜がほかの球場よりもきつい、ナゴヤドームを主戦場にしている部分が大きいと思う。ところが逆にマウンドの傾斜が緩い球場だと、着地する左足が感覚的に早くなる。よって、トップの形が球場によって異なる。

特にナゴヤドームの次の登板が傾斜の緩い東京ドームだったりするとかなり気を使う。写真で見比べても、東京ドームでのフォームは左足の着地が早くなるぶん、ナゴヤドームでのフォームに比べ右ひじが上がり切っていないから低い位置からリリースしている。本当はもう一段階ひじを上げ、もうちょっと上から投げたい。その点、ナゴヤドームはもう一拍時間が

球場によってのマウンドの違いをしっかり確かめたい

作れるぶん、トップが納得する形になっている。

だから僕みたいなタイプのピッチャーはマウンドの傾斜の影響を受けやすい。だけど、いまの突っ込み型の投げ方を変えるつもりはないし、このままでいいと思っている。傍から見れば「突っ込みすぎ」と思われているかも知れないけど、いまはこのフォームでしか投げられないし、新しいフォーム作りはそれなりにリスクを伴う。

アジャスト（※）法は、まさかの荒療治

東京ドームで苦手なのは、実際のマウンドだけではない。当然、ブルペンのマウンドの傾斜も本番仕様である。そこで編み出した秘策が、プレート後方からの投球練習だ。マウンドは基本的にプレートを中心とした山型になっているから、後方から投げると当然、下り傾斜ではなく、上り傾斜になる。その位置から投げ込むことで、本番のマウンドは急な下り傾斜だと身

プレート板ではなく、マウンドの後ろから登りの傾斜を利用することで、逆に下りの傾斜を身体に覚えさせることができる

体に叩き込む。

およそ試合前とは思えない調整法だが、自分の中では「傾斜がきつい」という感覚が何よりも大事。普通にプレートから投げても、変化球が抜けたり引っかかったりと散々だから、こういう思い切った調整法を取り入れている。

他球場では神宮も傾斜が緩いから、東京ドームと同じ調整をすることがある。あまり得意、不得意な球場は作りたくないけど、こればっかりは仕方がない。ただ、それ以外の球場はいまのところ問題ない。

マウンドの傾斜を身体が覚えることでよりひじも上がる

リリース時のPoint!!

①下半身に連動すれば腕もしっかりと振れる。
②できるだけ打者に近い場所でリリースするイメージ。
③球種によってクセやばらつきが出ないようにする。

1センチでもいいから、バッターに近いところでリリース

下半身と上半身がしっかり連動していれば腕は自然に強く、鋭く振れる

連動していれば腕もしっかり振れる

腕の振りに関しては、下半身、上半身がしっかり連動していれば理想的な形で振れるはず。だから、腕の振りだけを切り取って考えることはほとんどない。

ただ状態が明らかに悪かったり、感覚的に「ズレてるな」と思ったときは、リリース（※）の瞬間を自分の視界に入れるようにしている。この視界をマウンド上で意識することはないけど、イニング間のキャッチボールや、練習で遠投をするときはかなり意識している。

ただ繰り返しになるけど、やはり右足でしっかり立って始動さえすれば、自然と8～9割は自分の思ったところにボールが行ってくれる。

クセがあったら勝負にならない

リリースの瞬間は多くのピッチャーと同じように、1センチでもいいから、よりバッターに近い位置でリリースできるように心がけている。離れそうでなかなか離れない。やはりいいピッチャーほど、球持ちがいいのだと思う。

試合では4～5つの球種を操るが、もちろんリリースポイントがバラつかないよう意識している。僕のシュートとスライダーは、握りが違うだけでリリースの感覚はストレートとほとんど一緒。制球力と変化球のコンビネーションで勝負するピッチャーだからこそ、腕の振りにクセがあったり、リリースポイントにバラつきがあれば、まったく通用しなくなるだろうという危機感は持っている。

実際マウンドに上がってしまえば細かいことはあまり考えないが、前述の東京ドームのケースといい、ブルペンでは結構、大胆なことをやっている。

ブルペンで変化球を1、2球投げてしっくりこなければ、ブルペンではそれ以降、変化球を投げない日もある。だた、ブルペンと実際の

感覚がズレていると感じた時にはキャッチボールの際、リリースを視野に入れるようなイメージを持つ

リリースはできるだけ打者に近い場所で離すように心掛けている

リリースの瞬間にどのボールを投げるのかクセが出ないようにすることが重要だ

マウンドは別物だと考えているから、試合では悪いなりに、なんとかなるだろうと楽観視している。だからそういうときは、ほとんど右打者のアウトローを想定して投げ込む。フォークとほとんど投げないパーム以外の変化球はストレートと腕の振りが一緒だからそれで十分。

逆にブルペンでストレートが走ってないときは、本番の内容も悪い傾向にある。そのときは、いろんな調整法を試したり、その試合でのテーマ自体を変えたりしながらなんとか試合を作る努力をしている。

フォロースルー時の Point!!

①重心が二塁方向に残らないようにしっかり投げ終える。
②テイクバック時に前足のつま先を下げ気味にする。
③フィールディングに対応できるようにする。

ブレを少なく安定感のある着地を

CHAPTER 2 | PITCHING FORM

投げ終わった時に二塁ベース方向に体重が残り気味にならないようにしっかりと重心を捕手よりに乗せたい

左足でロックして重心がしっかり乗るのを防がないよう、つま先の位置が重要になる

もう少し重心を前に乗せたい

投げ終わったあとのフィニッシュの体勢も、着地が浅ければ、そのぶん2塁ベース方向に体重が残り気味になる。これもマウンドの傾斜の違いに影響される部分が大きい。

理想は傾斜に関係なく、もっとキャッチャー側に重心を乗せたい。さらに言うと、左足のつま先をもっと落とす感じ。

現状のつま先の位置だと、右足の蹴りによる重心移動をロックしている気がするし、フォーム自体が力んでいるように見える。もっと左足のつま先を落とすことができれば、ターンもリラックスできて、蹴ったあとの右足も綺麗に上がると思う。

これはフォロースルー(※)の部分ではなく、テイクバック時の問題だけど、つま先をもう少し落とすことができれば、移動距離もそのぶん増える。そうすれば「割り(※)」の状態でのグラブとひじの位置を、もう少し上げられると思う。

同僚に学んだ守備の重要性

前述したが、フォロースルー後に右足が着地した瞬間を「3の軸」と言っている。終わりよければすべてよしではないけど、やはりブレが少なくバランスのいい着地は、自分が思い描く理想のフォームには欠かせない。

テイクバック時につま先を少し落とすことで、よりひじを高く保つことができる

投げ終わって軸足が着地した瞬間のバランスが重要になる

着地の瞬間は、次の動きに対応できるよう、しっかりとバッターの動きを見ている。若い頃はそこまでフィールディングを重視してはいなかったけど、同僚の浅尾（※）のプレイを見てからフィールディングに対する意識が変わった。フィールディングが巧ければ、自分だけではなく仲間も救われるんだと……。

特に森さん（※）が投手コーチをしていた頃は、ほぼ毎日フィールディングの練習をしていた。エラーをしたら罰走としてポール間を往復ダッシュ（※）。しかも自分の登板日も関係なくやっていた（笑）。でも、その積み重ねがチームの強さを支えていたと思うし、僅差のゲームを取れる自信にも繋がっていた。

フォロースルーでバランスが安定することによって守備への対応もスムーズになる

投球フォームのPoint!!

①理想の投球フォームは頭で描いたイメージを実行できるか。
②短い距離で投げることで「ライン」をイメージできる。
③自分が思い描く「ライン」に身を任せることが大事。
④シーズンが終わればリセットして新しい投球フォームを構築する。

CHAPTER 2 | PITCHING FORM

ラインを見出せば、細かいことは考えない

理想の投球フォームは頭の中で描いたイメージをいかにして実行できるかにかかっている

短い距離を投げることで「ライン」をより鮮明にイメージすることができる

若い頃はスピード重視だった

自分の理想のフォームを作るためには、ちょっと乱暴な言い方になるけど、頭で描いたことを実行できるかどうかだと思う。僕自身、昔はそれに沿った練習をしていたこともあった。もともとコントロールに関しては良くも悪くもないピッチャーだったし、むしろ若い頃はスピードしか追い求めていなかった。コースを狙うときも「だ

いたいあの辺かな」というくらいアバウトだった。

それがいろんな経験を経て、昔とは逆のスタイルを追い求めるようになった。でも最近は、狙い過ぎると外れることが多くなってきたので、勝負どころでも頭の中ではコースを広めに設定するようになった。

例えばいま野球をやっている子どもたちに、「自分の理想のフォームを思い描いて投げなさい」と言っても、実行できる子は少ないと思う。そういった子どもたちには、足を使った反復練習とか、10メートルくらいの距離でキャッチャーに向かって投げる練習をさせた方が効果的だと思う。距離は短いけど、まずは「自分の思ったところに投げられた」と思わせることが大事。そうすることで、自分なりのラインを設定しやすくなると思う。

その日のバランスなどを頭の中で修正する場合は考え方を変えることもある。「無失点で抑える」のではなく、「試合を作る」と考えることもある

理想のフォームも、シーズンが終われば一度リセット

繰り返しになるけど、僕はマウンド上ではあまり細かく考えない。あくまでも実戦の場では、足をしっかり上げたあとは、自分が思い描く「ライン」に身を任せるだけ。修正が必要な場合は、肉体面であればイニングの合間に、もも上げやキャッチボールをしたり、頭の中で修正する場合は、「5回無失点ではなく、まずは試合を作ることに集中」といった具合に、その日のテーマ自体を変える。

ただし1年間戦えるフォームを完成させたとしても、シーズンが終わったら一度リセットして、次の年はまた一から、新しいフォームを作り直すつもりでいる。傍から見れば変化がわかりづらくても、自分の意識の中では大きく変わっているし、単純に、それまでのやり方ではいけないという危機感は常に持っている。

修正が必要な時は、イニング間にもも上げやキャッチボールを多めにする

シーズンが終わったら１度リセットして、次のシーズンに向けた投球フォームを再び作り上げる

4
3
2
1
YOSHIMI
19
8
7
12
11

5
YOSHIMI
19

6
YOSHIMI
19

9
新宿

10

13

14

15

16

5
CHUNICHI
19

6
CHUNICHI
19

7
CHUNICHI
19

10
CHU NICHI
19

11

14

15

1
2
3
4

8
9

12
13

牽制、クイックの
Point!!

①牽制、クイックの時間、間隔を毎回、変える。
②ランナーとの間合いを大事にする。
③捕手よりの足を身体の方へ入れない。
④ランナーの感覚を研究する。

CHAPTER 2 | PITCHING FORM

やるべきことを しっかりやる

上：セットに入った時の首の動かし方や、時間を同じタイミングにしない
右：二塁への牽制はサインの場合がほとんどなので大切にする

左足を蹴り出すイメージ

牽制は得意ではないし、そもそも刺す気があまりない（笑）。サインプレー（※）である2塁への牽制は別だが、僕の中で牽制はあくまでも保険。ただし、時間や間隔がパターン化しないように注意している。

それはクイック（※）でも一緒。決して速くはないけど、ランナーとの間合いには細心の注意を払っている。どんなタイプのピッチャーが嫌なのかチーム内の俊足選手にも話を聞いて、相手が嫌がるよう

左足のかかと部分だけが軸足にかかるような感じで踏み出す

な努力はしている。

　具体的に気を配っているところは、バッターに向かって投げるときに足を入れないということ。極端に言ったら蹴るだけ。普通は踏み出す左足と右足をクロスさせるけど、意識の中ではそれをしないようにして、左足をパーンと蹴り出して投げる感じ。でも本当に蹴ってしまってはまともに投げられないので、実際には左足のかかと部分だけが右足にクロスする感じのところから、左足を踏み込んでいる。

走るイメージのない選手ほど注意

　動作に気を配るぶん球速が落ちるピッチャーが多いが、僕はもともとスピードがないこともあり、そこまで球速は落ちない。だからじっくりランナーとの駆け引きを楽しむことができる。

左足は軸足より二塁方面には入らないようにする

左足は上げるのではなく、蹴るようなイメージでステップする

無意味に首を動かしたりするけど、頭の中で考えているのは秒数だけ。間合いはほとんど適当で、ただ一点だけ注意していることは、2球連続で同じタイミングにならないこと。逆に、あえて2球連続で同じタイミングで投げて、3球目にいきなり投げたりするけど、そこまで気を使うのは足のスペシャリストと言われている選手くらい。間合いだけしっかりケアしておけばそう簡単に走られないと思うし、谷繁さん(※)という最後の砦がいるからジタバタする必要もない。

そういう意味では、普段まったく走らない選手の方が嫌かもしれない。例えば阪神の新井さん(※)とか。絶対に走らないだろうというランナーに走られてセーフになったら、パニックになると思う(笑)。そういう選手にはクイックもしないし。

セットの際もグラブはしっかりと捕手方向へ向ける

理想の投球フォームとは

高いレベル、そして一流と呼ばれる投手であるほど、その日のコンディションや調子によって微調整をおこなっている。もちろんある程度投球フォームの形はあるのだろうが、自らの感覚の中でいろいろな部分を変化させて投げている。

「ある程度、その年によって固まった投球フォームはある。だから試合中に調子が悪い時は、投球フォームだけ意識しても直らないことが多い。そういう時には、いろいろと異なったアプローチをしてみる。プロで7年間やって引き出しも増えた。その中からいろいろなものを出して対応する」

現在、投球フォームで大事にしているのは、しっかり立つこと。そして自分はイメージしたラインに身体を乗せるイメージを持つ。大きく言うとその2点。ただしそれは今、現在のことである。

「投球フォームやスタイルで求めているものはたくさんある。だからこそこれからも年々、変えなくてはいけないとも思っている。でも、今、現在はこの投球フォームが自分に最適で良いボールが投げられていると思う。もちろんこれから先もいろいろと試してみて自分に適したものを採用して行きたいと思っている」

人が年齢を重ねてゆく過程で、言葉は悪いが、衰えてゆく部分もある。しかしトレーニングを重ねることで、成長してゆく部分もある。また経験を積むことで技術的に磨かれる部分もある。そういったことすべてをトータルで見極めて、その時に最も適した形こそ理想の投球フォームと言えるのではないだろうか。

その時に最も適した投球フォームを見つけたい

第三章

CHAPTER 3 〉 ADJUST

アジャスト方法

投球のバランスが悪い時の修正方法。

CHAPTER 3 | ADJUST

「どこが、どう悪いのか」をしっかり見極める

経験を重ねるにつれ増える「引き出し」

ひとえにバランスといっても、それが球威に関するものなのか、制球に関するものなのか、それともメンタルなのか。そのときの感じ方で選択肢は変わる。若い頃はそれを判断するのが難しかったから、味方の攻撃中はベンチ前で、ただ単にキャッチボールするだけだった。でも、経験に加えて先輩やコーチからの助言を受ける中で、自分にとって何が有効なのか、それを取捨選択しながらここまできた。だからこそ効果的な修正法が増えて引き出しも多くなった。

ただし試合になったらバッターとの勝負がメインだから、フォームのバランスやボールの走りが悪いといった感覚的な部分は、そこまで深刻に考えることはない。極端に言えばキャッチャーとサインを交換したら、あとは本能のままに投げ込む感じ。その中で「今日は特に悪い」と思ったら引き出しを開ける。

全体的に身体のバランスが悪いなと思ったら、まずはフォーム解説の頁でも紹介したもも上げ走がファーストチョイスになる。やはり基本は下半身だから、身体のキレを出すために、もも上げ走は外せない。ケンケン（※）も有効。

リーグを代表する3投手を比べても、重心の位置が異なっていることが分かる

重心移動の要領で足を上げた状態から上半身をカベに付ける。足や腕より上半身が前に出るイメージを身体に植え付ける

左足を浮かせ右足だけで軽くジャンプして、着地したと同時にひざを折るイメージ。本当は折りたくないけど、反動で必然的に少し折れる。感覚的には「折る」というより、足の力をうまく伝える感じ。あと、ベンチの裏にある20メートルくらいある通路でダッシュすることもある。

こういったアジャスト法を、そのときの状態に合わせてやってきたからこそ、これまで多くの白星を重ねてこられたと思う。自分の中では、「もっと良くしよう」という感覚ではなく、「いつもの状態に戻そう」という感覚の方が強い。

壁を使った重心確認は、自分ならでは

試合中にはほとんどやらないが、重心移動の修正に球場の壁を使うこともある。狭い通路などで

軸足一本でのケンケン

その場でのもも上げ走

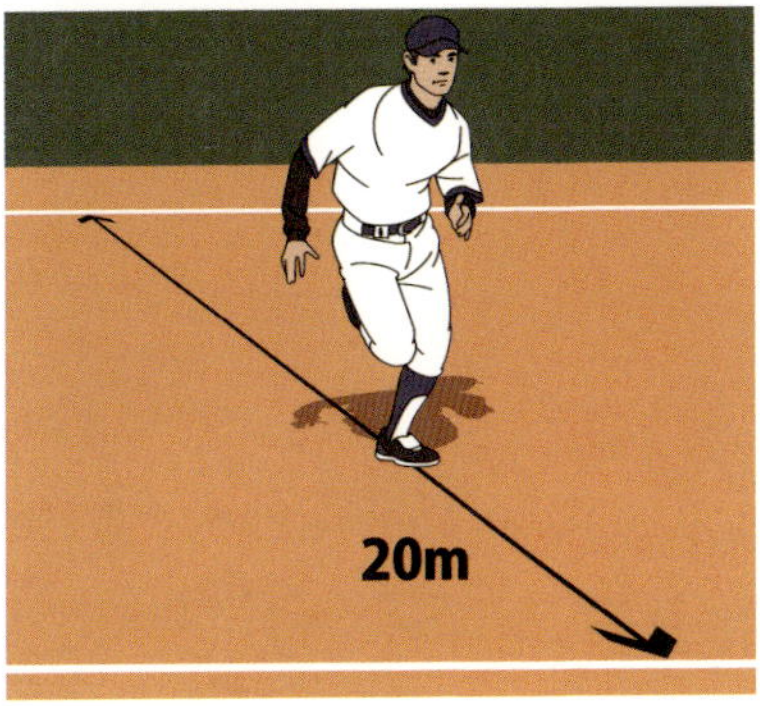

通路など短い距離をダッシュ

両手を壁に付けて、足や腕より上半身を前に出すイメージ。

これをやる理由は、僕が突っ込んで投げるタイプの投手だから。他のピッチャーは、前足がついたとき、上半身がちょうど前足と後ろ足の真ん中くらいにあると思うけど、僕は前足がついたとき、だいぶ前方に上半身がある。身体のメンテナンスをお願いしている先生にも「ずいぶん前で身体をターン(※)させるピッチャーだね」と言われてこの練習方法を取り入れた。そもそも、前でターンすることが良いのかわからないけど、よりバッターに近いところでリリースできているので、自分には合っていると思う。

いろんなアジャスト法があるけど、困ったときはまず、上半身ではなく下半身を動かす。先に上半身をいじるときは、あくまでも応急処置。実際の試合でも、初回とか2回くらいに良くないと思ったら、まずはしっかりと下半身を中心に修正できれば、良い状態の8割くらいまで修正できる。

身体のバランスに関するアジャスト法

① もも上げ走
② ケンケン
③ 通路ダッシュ
④ 重心移動のチェック

CHAPTER 3 | ADJUST

速さへのこだわりは一切ない

速くても打者に嫌がられなきゃ意味がない

4、5年くらい前までは、僕もストレートに関してはスピードしか求めていなかった。実際に納得いくスピードが出ていた時期もあったし、スピードガンに求めていた球速が表示されると気持ちが良かった。

でも、145キロを投げられたとしても試合はあくまでもバッターとの戦いなので、どれだけ自分が気持ちいいストレートを投げたとしても、一流バッターには甘くなったら簡単に打たれる。しかも、速いボールを追い求めていたときは、狙ったコースにほとんど行かなかった。それだったら130キロ出なくてもいいから、ちゃんと狙ったところに投げられる投手になりたいと思った。

その気づきとなったのが、昔のある試合。最初から調子自体が悪かったけど、それでもストレートに関してはバンバン自分の納得いくスピードが出ていた。でも、いくら速くても真ん中に入れば打たれるし、まったく通用しなかった。そこでコースを狙った丁寧な投球に切り替えてみたら、バッターが打ちづらそうに凡打を繰り返し

速いボールではなく、狙ったところにしっかり投げられることが重要

た。これがきっかけで現在のスタイルを確立するフォーム作りに励もうと思った。

やはり打者に聞いても、投手がこだわるほどストレートのスピードに違いを感じないらしいし、実際に自分がバッターボックスに立っても、合わせやすいストレートはいくら速くてもバットに当てられる。逆に球速がなくても、いいコースに行ったらなかなかヒットにならない。だからいまは球速に対するこだわりはまったくない。

球速はなくともストレートはすべての基本であり生命線

球速を捨てたと言っても、ストレートにこだわりがないというわけではない。しっかりとボールに回転を加えて、140キロでも打者を翻弄する良質なストレートを投げたいと思っている。自分の

ブルペンでの調子に左右されることなく、気持ちを割り切ることが大事

中では変化球も含め、すべてストレートに見せることが理想。よく変化球を「抜く」と表現する人がいるけど、僕はフォーク、スライダー、シュートといった変化球を、いかにストレートに見せるかという点にこだわっている。だから僕のピッチングにおいてストレートは生命線だし、試合中にボール自体の走りが悪いなと思ったら、やはり、もも上げ走やケンケンなどで下半身のチューニングをやって、ボールのキレを取り戻そうとトライする。

極端に目的を変えることもある。調子やキレ以前に「まずはストライクを取ろう」とか「アウトローだけに集中しよう」とか、まずは根本的な意識を変える。どのピッチャーもそうだと思うけど、ボールが走らないときって、大抵その試合中には修正しきれない。だから「ストレートが走ってないから今日はダメだ」とかマイナスに考える前に「今日は試合に勝つことだけに専念しよう」とか、テーマ自体を大きく変えることも僕は重要なアジャスト法だと思う。

球速に関してはブルペンの段階からいろいろ感じることが多いけど、僕は基本的に、ブルペンでは悪くても試合のマウンドに立てば直ると思っている。これまでの経験でも、ブルペンでの調子がイコール本番の調子ではないから、あくまでもブルペンはブルペンと割り切っていつも準備している。

自分の目安として、ブルペンで納得いくストレートが投げられれば、変化球もほとんど投げられる。逆にストレートが悪くて変化球がいい日もあるけど、こっちはあまりあてにならない。ストレートが悪い日は全体的に悪い。これがいままでの経験でわかったこと。あとはポンポンと簡単に抑えられて自然と勢いに乗ることもあるから、結果や展開に身を委ねてみるという楽観的な発想も、経験を重ねてきた僕から言わせれば、心に余裕を持つための大切なアジャスト法と言える。

球速に関するアジャスト法

①もも上げ走などの下半身強化
②目的を変えるなど柔軟な発想転換

生命線でもある制球に関する処置は早い

制球の乱れは悪い結果に直結する

　試合中にフォームのバランスやボールのキレが悪いときはあまり深刻に考えることはないけど、制球の乱れについては積極的にアジャストを図る。バランスやリリースなどの感覚的な部分は悪いなりにごまかせるけど、制球に関しては、バッターに痛打されるならまだしも、フォアボールという最悪な結果に直結する場合もある。

　こういった状況では、ベンチ前で普通にキャッチボールをするのではなく、あえてワンバウンドのボールを投げたり、短い距離で相手に座って受けてもらうなど、そのときの状態に応じて早めに対処する。

　ワンバン投球に関しては、ひじが下がっていると感じたらチョイスする修正法。ボールを地面に叩きつけようとすれば、角度をつけようとするぶん、ひじの位置が高くなる。この練習はフォームの微調整ともとれるけど、僕は制球が定まらない理由にひじの低さがあると思っているから、試合中にワンバン投球をやる場合がある。

　近距離での投球は、思ったところに投げられたというイメージを

制球が定まらない日は、イニング間のキャッチボールで修正を計る

作るためにやる。フォームの頁でも触れたけど、脳内で描くキャッチャーミットまでの〝ライン〟を創り出すイメージ。単純に距離が近いぶんイメージしやすい。5メートルくらいの距離でやることもあるし、最悪な状態のときは、低く構えてもらって投げるようにしている。

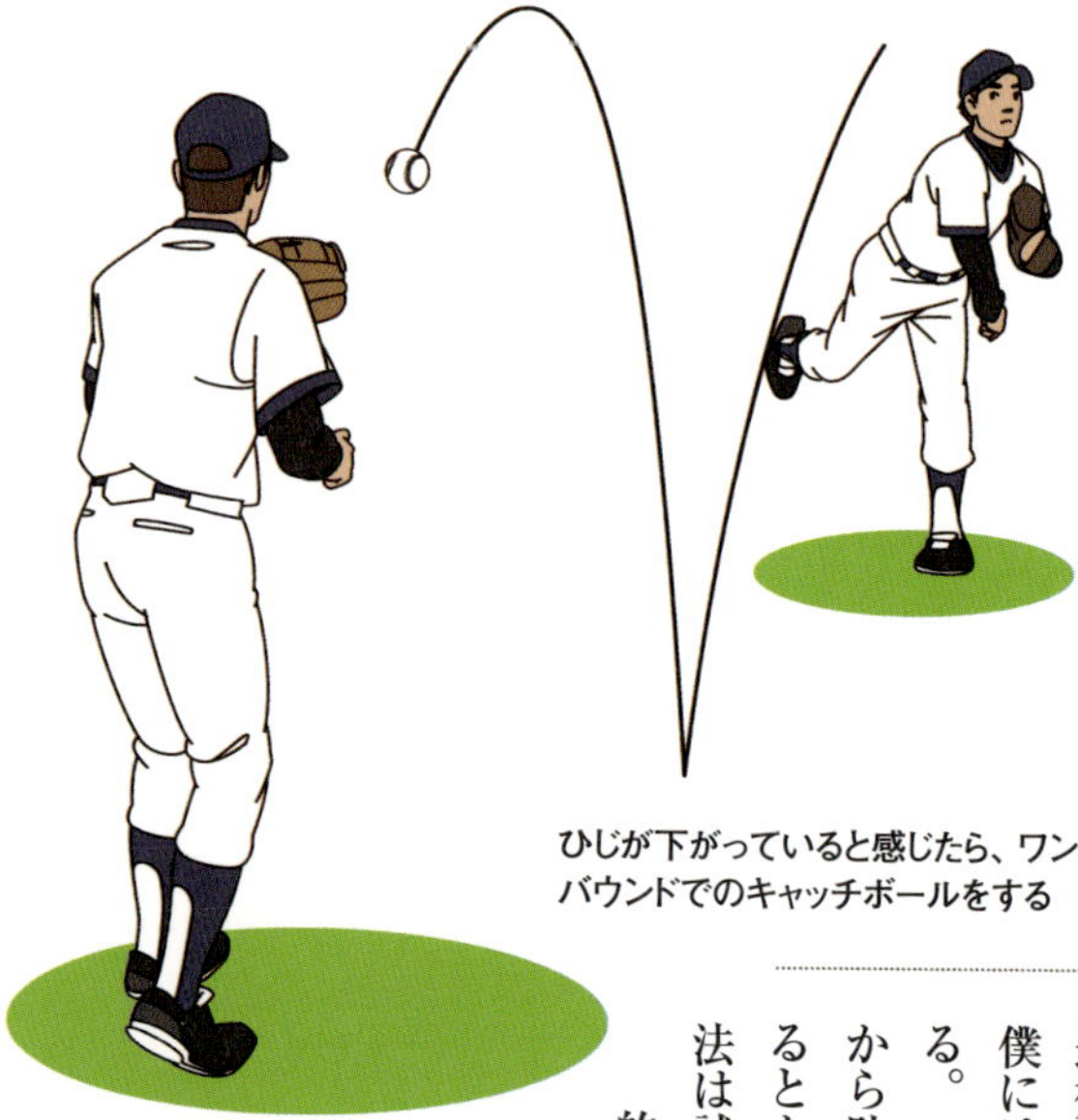

ひじが下がっていると感じたら、ワンバウンドでのキャッチボールをする

試合中に極端なことをやると逆効果になる場合もあるけど、僕にはこれらの修正法が合っている。あとは、極端に離れた位置から助走をとって足を使って投げるとか、制球に関するアジャスト法は試合中でも、早い回から積極的に取り組むことが多い。

ゴールまでの道筋を頭に描く

球速の頁でも触れたけど、制球力を高めるためにフォームを見直した。以前は力いっぱい投げていたけど、いまはいかに力感を落としてムダなくシンプルに投げようかなと考えている。簡単に言うと、足を上げて立ったら、あとはキャッチャーに向かって投げ込むだけ。昔は身体を捻れば力が増すとか考えていたけど、いまはシンプルにキャッチャーミットに向かって投げることだけを考えている。

フォームも以前よりコンパクトになった。よく「猫背になったね」と言われるけど、そのぶんロスが減ったと実感してるから気にしていない。

フォームのコンパクト化については、速いボールを投げたい投手にとっても有効だと思う。やはり極力ロスを減らすことが、球数もイニングも多めに投げるための秘訣だと思うし、身体にも負担がか

投球フォームをコンパクトにすれば速いボールを投げることもできる

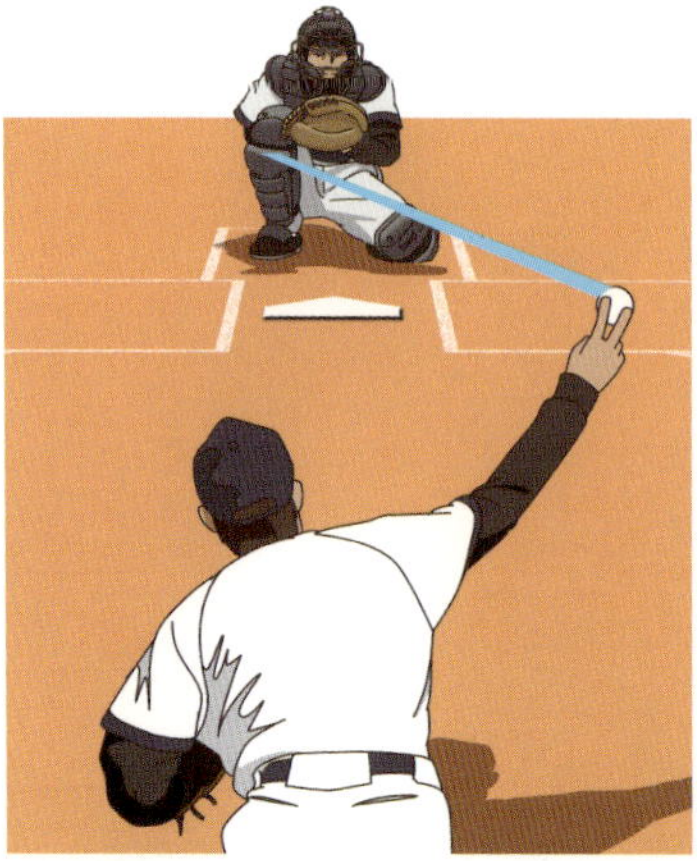

右打者にはストレートはアウトローにしか投げないので、それを意識する

右打者にはストレートはアウトローにしか投げないので、ブルペンでもそれを意識する

からない。人によって骨格や身体つきが違うから一概に言えないけど、やはり大事なのは、立ってからシンプルにリリースまで持っていくことだと思う。

　制球力を高めるためには、頭で描いたことを実行できる能力が大事だと思う。再三「ライン」と言っているけど、僕は何かを目指すときは大概、それに向かって頭の中でラインを描く。その過程でも線を意識しながら道筋を辿ることで、自分の思い通りになる確率がより高まると考えている。だからダッシュをするときでも、ゴール地点を想定してからそこに向かって走る。その積み重ねが大事だと思う。

ブルペンでは アウトロー一辺倒

技術的に対処できない場合は、球速と同じように早い段階で、「今日はそういう日なんだ」と割り切る。ポンポンと三振が取れたりしたら、それをきっかけに気分が良くなって状態が好転するときもある。だから最後まで「悪い原因はどこだ?」と疑心暗鬼で投げ続けることは良くないと思う。

　僕は試合で右バッターと対戦する場合、ストレートはアウトローにしか投げない。ブルペンでの投げ込みも外ばかり。２００球投げ込む日とかは、１９０球は外に投げる。逆に言うと、インコースはいつでも投げられる自信がある。ホームベースの横幅って43センチくらいだけど、マウンドからの距離は体感的に違う。しかも僕は基本的にプレートの3塁側から投げるから、そのぶん遠く感じる。だからゲーム前のブルペンでも、アウトローがほとんど。始まりと終わりもアウトローと決めている。

第四章

CHAPTER 4 〉 CONDITIONING

コンディショニング

最高のパフォーマンスを発揮するためのコンディショニング。

YOSHIMI
19

CHAPTER 4 | CONDITIONING

登板日の調整はこだわりが満載

登板日は球場入り前からの動き、キャッチボール、そして登板までのメニューをしっかりこなす

験担ぎでリフレッシュ

　登板日は睡眠から食事、チームで消化する練習までキッチリとこなすタイプだけど（P88からのルーティーンを参照）、遊びというか軽い験担ぎなんかもやっている。

　ナゴヤドームにはフェンスの下に壁みたいになっている少しの隙間があって、そこを狙って一発で当たったらOKという、自分なりのミニゲームをやっている。しかも、成功した日の登板成績がいいから、いまではかなり本気で取り組んでいる（笑）。自分の中では、その日の登板内容を占う験担ぎになっていて、キャッチボールをやったあとに必ずやる。トレーナーさんと一緒にやることも多くて、成功したら試合で勝ったように大喜びすることもある。でも逆に失敗したときはかなり不安。だから本気でやっちゃいけないとは思っているけど、もう完全にルーティーンの一環になっていまも続けている（笑）。

登板日はどうしても神経質になりがちだから、それくらいリラックスできる息抜きも必要だと思う。基本的に、クライマックスシリーズや日本シリーズといった大きな試合でも、僕は緊張しないタイプ。もう順位を決める長いレギュラーシーズンは終わったし、「あとはお祭りだ！」というくらいにリラックスしてマウンドに上がる。

逆にシーズン中の方が緊張する。特に12年なんかは「この試合は大事」と感じた試合が多かった。だから壁当てゲームは、一発目で失敗しても実際は当たるまでやる（笑）。

試合開始前は分刻みの緻密なスケジュール

ブルペン入りの時間にもこだわりがある。ナゴヤドームで先発する試合のブルペン入りの時間は17時34分と決めている。しかも、時計の分針が「カチッ」となる瞬間。これ

登板日は神経質になりがちになるので、リラックスできるために息抜きも大事にしている

球場入り後のウォーミングアップなどは、チームメニューをこなす

フィールド上だけではなく、ブルペンでもダッシュはしっかりとおこなう

ばっかりは自分でも変わっているなと思う（笑）。

17時34分に合わせるために、それまでの準備も分刻みのスケジュール。ユニフォームを着てグローブもしっかり近くに準備しておいて、17時25分にブルペンでダッシュとかストレッチを始める。それを6分くらいで消化して、31分からはひじ周りの簡単なセルフケアを開始。この間は時計をガン見している（笑）。ブルペンの時計には秒針がないから、分針が「カチッ」と動いた瞬間にブルペンのマウンドに行って、「お願いします」とスタート。

ブルペンで投げる球数も34球と決めている。だから開始時間も34分。34球なら5、6分で投げ終わるから、そこから着替えて、あとはキャッチャーの谷繁元信さんとミーティングをして、55分くらいにベンチに入って試合に臨むという流れ。

これが先行のビジターゲームの場合だと、ブルペン入りが17時36分になる。味方が攻撃するぶんマウンドに上がる時間が遅くなるから。ただし球数は同じ34球。どんなに状態が悪くても、毎度34球で切り上げるようにしている。

変わっている事は自覚しているけど、ピッチャーって僕ほどではないにしろ、何かしらのこだわりを持った人が多いと思う。先発投手は特に、だいたい1週間に1度の登板頻度だし、同じルーティーンを繰り返すぶん、自然とこだわりが強くなると思う。

リリーフだけど岩瀬さん（※）もルーティーンが決まっていて、5回くらいにブルペンに入っている。例えばナゴヤドームだったら、プレーボールでマッサージを始めて、4回くらいにトレーニングルームに来る。登板がない日は僕もよくトレーニングルームで見かけるけど、そこで初動トレーニングとかやったり、2人のトレーナーに、それぞれ上半身、下半身のストレッチをやってもらったり。それから

ブルペンでの投球開始時間は、ホーム、ロードで決まっている

もう一度、初動トレーニングをしてストレッチもしてブルペンに入って肩を作る。そして栄養ドリンクを飲んで、ベンチに戻るという流れ。しかも僕は、岩瀬さんが試合中に笑った姿を見たことがない。先発とは違って、リリーフはほぼ毎試合準備しないといけないからすごいと思う。

同じリリーフ投手でも、12年にいたホルヘ・ソーサ(※)は日によって準備の流れがまちまちだったし、逆にネルソン(※)は、登板前はピリピリしていて近寄りがたい雰囲気があった。でも当時の森さん(繁和／投手コーチ)は「お前、顔白いぞ」なんて冗談を言って和ませていた。

投球練習にも独特の流儀がある

ブルペンでの投球練習はストレートが中心。特に右バッターのアウトコースを想定して投げることが多い。逆に右打者のインコースを想定することは少ない。外にさえしっかり投げられれば内は大丈夫だから。

変化球は最初に1球ずつ投げてチェックする。シュート1球、外のスライダー1球、フォーク1球。調子の波がない日はストレート中心でたまに変化球を挟む感じだけど、例えば「今日はシュートが良くない」と思ったら、それ以降、シュートは投げない。これは荒療治でも何でもなくて、実戦は相手との勝負だから自分が納得できなくても抑えることがあるから。だったらしっくりこないボールを何球も投げて、わざわざ不安を抱えたままマウンドに上がる必要はない。それなら気持ち良くブルペンで投げて試合に臨んだ方がいい。これは長年の経験で学んだこと。

登板前の分刻みのスケジュール(ナゴヤドームの場合)

17：25	ダッシュなど軽めのストレッチ
17：31	ひじ周りのセルフケア(※)
17：34	ブルペン入り
↓	毎回キッチリ34球
17：40	投げ込み終了(着替え)
17：50	キャッチャーとのミーティング
17：55	試合開始に備えベンチ入り

ストレッチ系

ストレッチ系①

①ひざを立てて座った状態で、ひざの後ろで両腕をつなぐ
②ひざの後ろから両腕を離して腰の後ろにずらしながら、後ろに倒れる
③腰をしっかりと支えながら、両ひざが地面に着くぐらいまで持って行く

ストレッチ系②

両足をできるだけ開いた状態で座り、両腕を頭におき上半身をゆっくり回す

ストレッチ系③

両足をできるだけ開いた状態で座り、両ひじを地面に着くようにして前屈

ストレッチ系④
右足は開いたまま左足は折り曲げて座る。右手で右足のつま先をつかんだまま、左手は頭を持って左脇を伸ばす。（左脇を伸ばしたら右脇も同様におこなう）

ストレッチ系⑤
両足の裏をくっつけてあぐらをかくように座り、股関節を伸ばす

ストレッチ系⑥

①右足の外側を地面に着けるようにして座る。
②そのまま左足は右足と交差させて足の裏を地面に着ける。
③1、2と同様に逆の足もおこなう

ストレッチ系⑦

①背中を着いたまま右足を身体の近くまで持って来る。
②太ももが胸に着いた状態でひざから先や足首をひねる。
③右足が左足と交差するようにして倒す。
（右足をおこなったら、左足もおこなう）

ストレッチ系⑧

①右足を伸ばしたままで左足は折って上半身を後ろに倒す
②1と同様に逆の足もおこなう

ストレッチ系⑨

右足を前向きに折った状態で、左足を後ろに伸ばす。（逆の足も同様におこなう）

ストレッチ系⑩

両腕をひざに置き、両足を広げてしっかり腰を落とし、片方ずつ肩を入れる。

ストレッチ系⑪

左足を折った状態で、右足を横に伸ばす。（逆の足も同様におこなう）

ランニング系

ランニング系①
往路：両腕を頭の上に伸ばして前方へ回転させながら、短めの距離を軽めにジョギング

復路：両腕を頭上で組んで両脇を伸ばしながら歩く。（往路で前方へ回転させた後は、後方へも回転させる）

ランニング系②

往路：一歩ずつジャンプしながら、両腕を頭上で開き、胸の前で交差させる

復路：頭の後ろで腕を組み、一歩ずつ腰を入れながら重心を下げる

ランニング系③

往路：横向きになって一歩ずつ足を交差させて走る。この時に両腕は下半身と交差するように横振りをする

復路：片足ずつ胸に着けるようにして歩く

ランニング系④
往路：ランニング系3と同じ

復路：一歩ずつ、つま先に触りながら歩く

ランニング系⑤

往路：一歩ずつサイドステップ（※）をおこなう。この時、一歩ごとに身体の向きを前後入れ替える

復路：上半身は左右に横振りしながら、後ろ向きに歩く。この時に両腕は下半身と交差するように横振りをする

ランニング系⑥
往路：後ろ向きに軽めのダッシュ

復路：一歩ずつ太ももを高く上げる。この時に上げた足は、外側から内側へ回すようなイメージ

ランニング系⑦
往路：前向きに軽めのダッシュ
復路：後ろ向きで一歩ずつ太ももを高く上げる。この時に上げた足は、内側から外側へ回すようなイメージ

ランニング系⑨
往路：前向きに軽めのダッシュ
復路：一歩ずつ両手を肩の高さで外に開くようにしながら、前向きにゆっくり歩く

ランニング系⑧
往路：前向きに軽めのダッシュ
復路：両ひじを肩の高さに保ち、一歩ずつ両手を外に開くようにしながら、前向きにゆっくり歩く

Dragons

Dragons
19

CHAPTER 4 | CONDITIONING

不安要素を排除し次に備える

摂取した水分はしっかり出して帰る

登板後はアイシング（※）をして、トレーニングコーチに肩のストレッチをしてもらうという流れ。これらを30分かけてやってもらって、それからトレーナールームに行って今度は電気治療や超音波（※）。ケアの内容自体は、その日のコンディションによって変わる。

アイシングの合間に、スコアラー室で試合の映像を見る。1試合を通してではないけど、気になった場面を抽出して見る。球数で言えば10球くらい。その試合で気になった対戦バッターに絞ったり、打たれた場面だけを見たりとその日の出来によって見る視点が違う。そこで配球チャート（※）と照らし合わせながら、「これは打たれて当然だな…」とか反省して次の対戦に活かす。

メンタルの頁でも述べたけど、試合後のチェックは勝った試合後の方が多くなった。以前は負けたら反省する流れだったけれど、今は勝敗に関係なく、自分が納得できたか否かが第一の判断基準。

一通りのケアが終わったらサウナに入る。僕は試合中に水ではなく、かなり甘い特殊なドリンクを飲んでいるから、その摂取した糖分をサウナで一気に出す。試合でもかなりの汗をかいているのにそれでもかなりの発汗量だから、周りからも「そんなに出してアホちゃう!」ってよく言われる(笑)。

特殊ドリンクは、2リットルのペットボトルに氷を入れた状態で用意してもらうけど、大抵2本目にも手を付けるから、かなりの量を1試合で摂取している。だからこそ、しっかりサウナで出し切りたい。それからお風呂に浸かっておしまい。登板日は球場をあとにするのが試合終了から2時間後くらいだから、だいたい自

登板後はすぐにアイシングをしてトレーナーとともに肩のストレッチをする

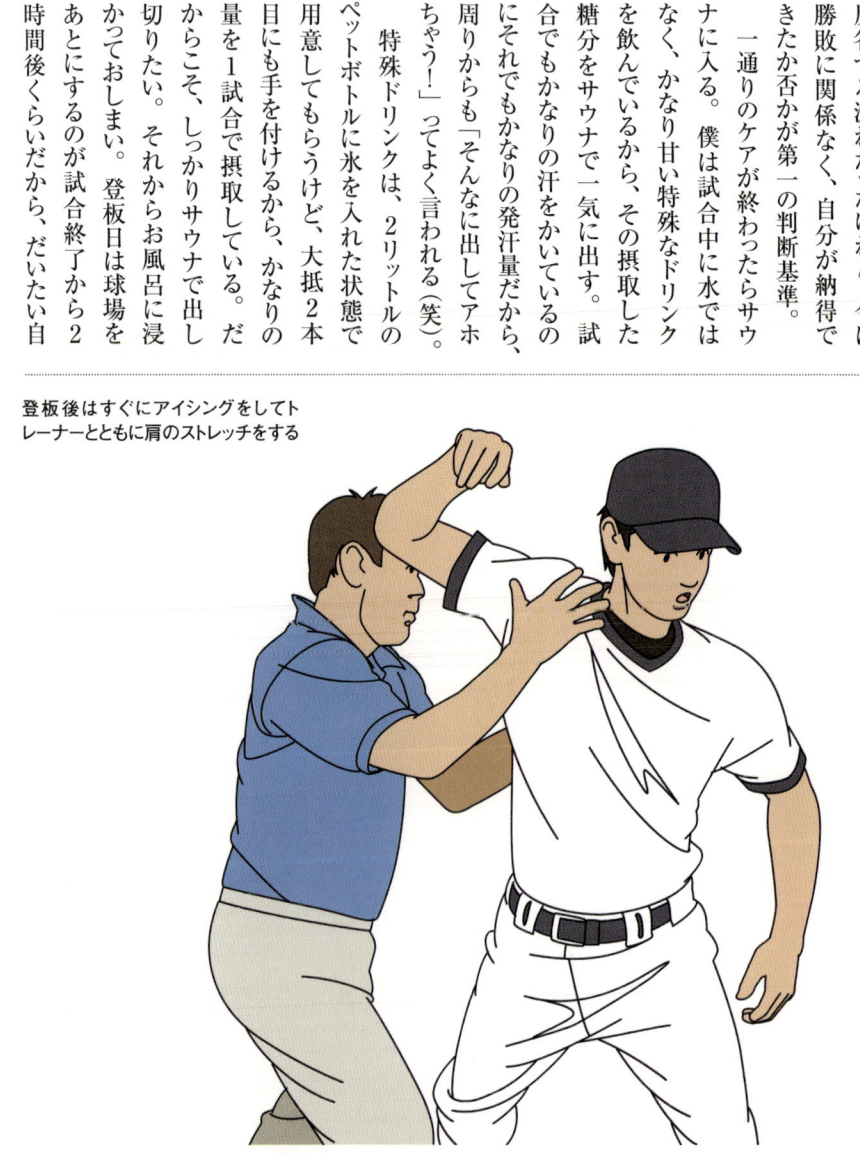

分が最後に出る感じ。逆に投げない日は、最初に帰ることが多い。

疲れがたまると思考力が鈍る

試合後の疲労度は登板内容によって変わる。いろいろ考えて苦労した試合は、やっぱり疲労感が濃い。僕の場合は肉体的というより精神的にキツくなる。悩めば悩むほど頭を使うから、それが積

肉体的とともに精神的な疲労がたまると、長いシーズンの後半ではバテてしまう

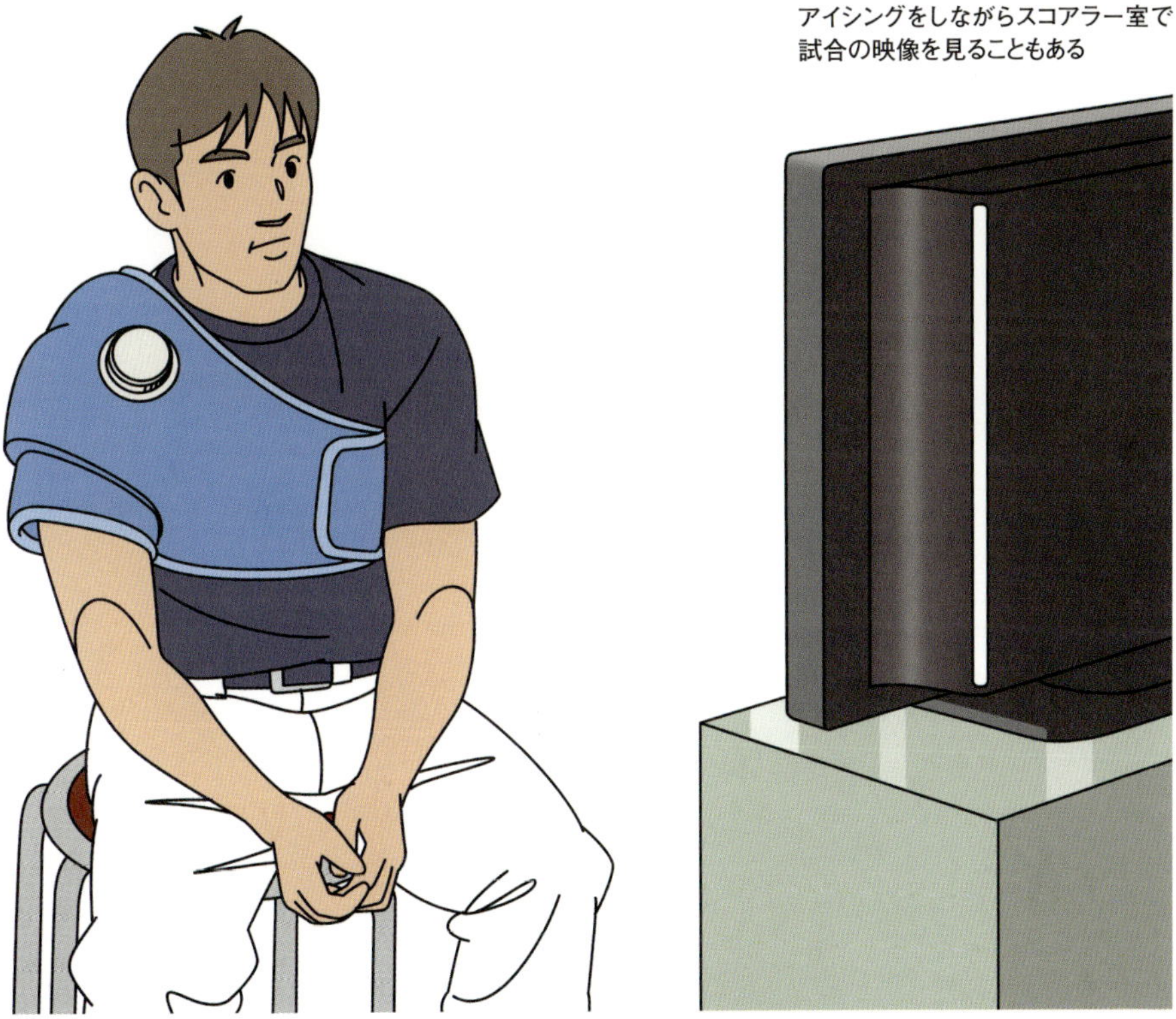
アイシングをしながらスコアラー室で試合の映像を見ることもある

み重なるとシーズン後半にバテる。これは長年の経験で痛感したこと。だからキャンプ期間中は、もちろんいろんなことを考えるけど、極力悩まないように心がけている。

疲労はシーズン中のふとした瞬間に感じることが多い。例えば登板しない日のキャッチボール。疲れているときはただのキャッチボールなのに、その内容が酷い。身体が張っていたり軽い筋肉痛の影響だったりで思うように投げられない。

そういったことでストレスを感じることもあるけど、それでも今は悩まないようにしている。「今日は登板2日後だから仕方ない」「明日はもっと動くだろう」と開き直るくらい。これからは年齢的にも下り坂だし疲労回復も遅くなる一方だけど、それも見越しながら不安をため込まず、ストレスなく1週間過ごせるかがより大事になると思う。

登板日の試合後の大まかな流れ
（ナゴヤドームで21：00に試合終了した場合）

降板後	アイシング
21：10 ↓	ストレッチ アイシングをした状態で映像や分析データをチェック
21：40	超音波などの電気治療（状態による）
22：20 ↓	サウナ&風呂 サウナでは摂取した水分をしっかり出す
23：00	帰宅

登板しない日のキャッチボールなどで、蓄積した疲労を感じることもある

YOSHIMI
19

CHAPTER 4 | CONDITIONING

何気ない基礎練習が超一流の制球力を支えている

登板が近づくにつれ短くなる距離

登板間隔が中6日だと、例えば火曜日に先発したとしたら、水曜日は有酸素系のトレーニング（※）をする。昔はウエイトトレーニング（※）もやっていたけど、4年くらい前からウエイトトレーニングはやっていない。あとはゴムチューブを使ったインナートレーニング（※）。特に肩周りなどを重点的にやっている。

木曜日は完全オフ。

金曜日は心肺系を鍛えるため、まずはレフトとライトにあるポー

ウエイトではなく、ゴムチューブを使ったインナートレーニングをおこなう

ル間を目安に中距離走を10本。これも今はもうやっていないけど、昔は30秒以内の時間制限を設けていてかなりきつかった。次はボールを使った体幹トレーニング（※）。硬球を投げてもらいながらランジやペッパー（※）をする。

登板間の主な練習メニュー
（火曜日に先発登板し、中6日を想定）

火曜日：先発登板
水曜日：有酸素系、ゴムチューブを使ったトレーニング
木曜日：オフ
金曜日：ポール間走、ボールを使った体幹トレーニング
土曜日：ポール・センターなどの中短距離走
日曜日：50、20メートル走をそれぞれ5本ずつ、軽めのピッチング
月曜日：50、30、10メートルの短距離走をそれぞれ5本ずつ

ランニングなど基礎練習をしっかり継続することが、高い投球技術を支えている

登板3日前となる土曜日は、まずポール・センター（※注：イラストで解説）。これは前日のポール間の半分の距離を10本。あと30メートルの短距離を5本走る。この日も基本は心肺系を鍛えるランニングがメイン。

登板2日前の日曜日は、50メートルと20メートル走をそれぞれ5本ずつ走って、軽めのピッチング。

そして登板前日は、50、30、10メートルの短い距離を、それぞれ5本ずつ走る。

1年間、同じ練習をやり続ける

基本は走り込みがメインでどれも大切な基礎練習だけど、中でも登板4日後にやるポールセンターの10本は特に重要。さっきから「ライン、ライン」と繰り返しているけど、この制球力に通じるラ

通常のキャッチボールだけではなく、適正な距離での遠投も取り入れている

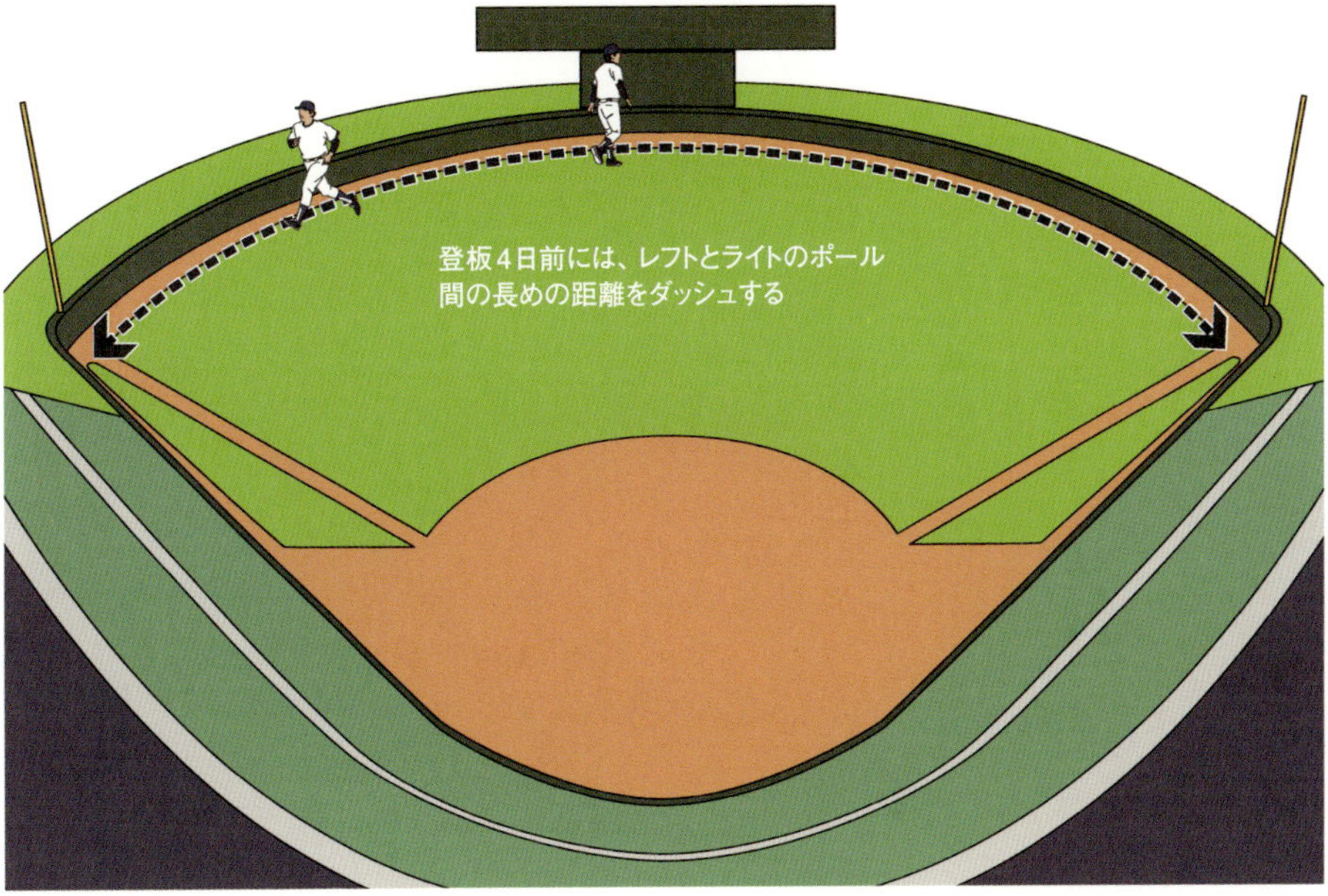
登板4日前には、レフトとライトのポール
間の長めの距離をダッシュする

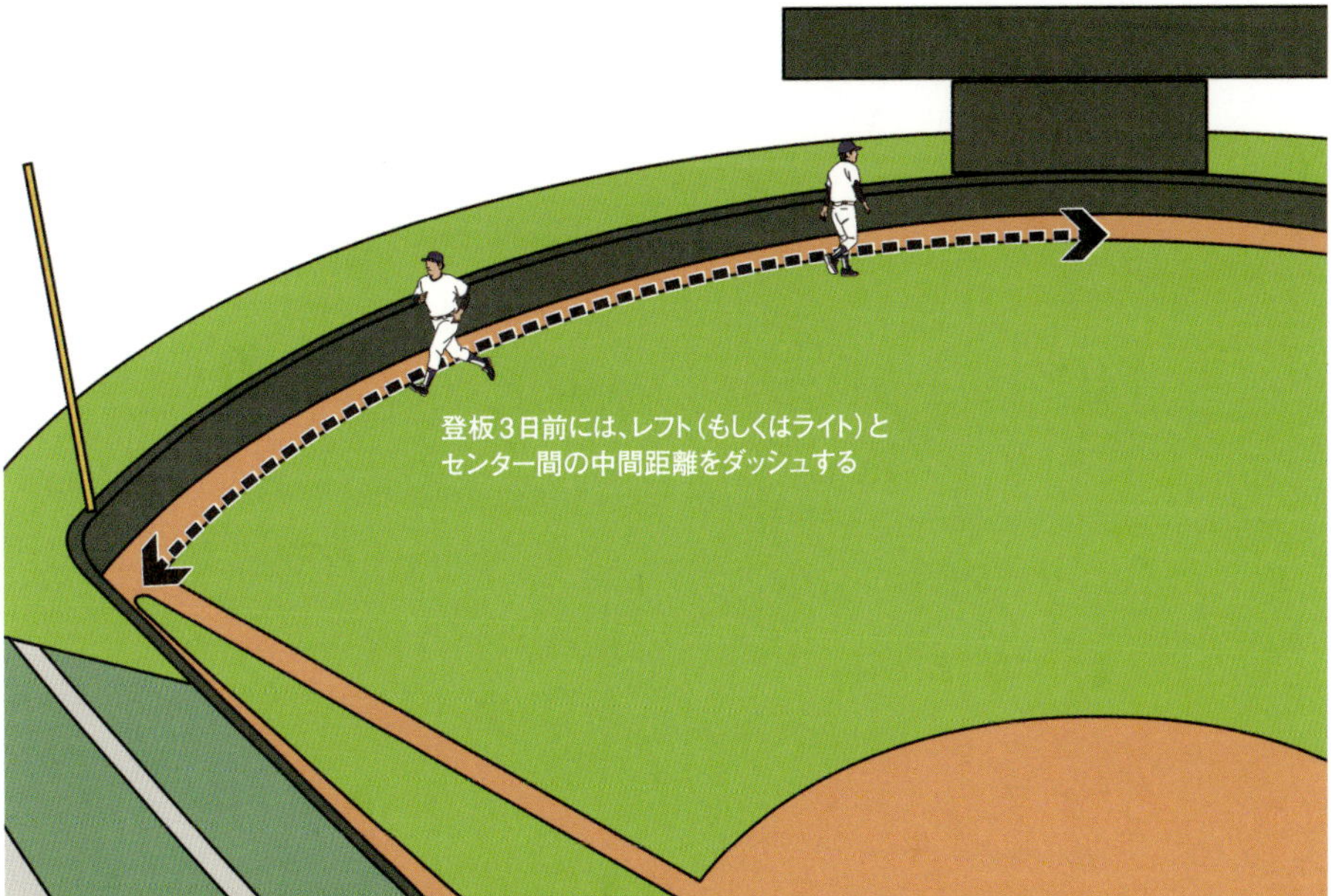
登板3日前には、レフト（もしくはライト）と
センター間の中間距離をダッシュする

走り込みながらもゴールをイメージすることが、制球力アップにもつながる

インをイメージする練習法を、僕は走りながらもやっている。

そもそも50メートルを全力で10本も走り続けること自体がキツいけど、まずはその中で2本でもいいから全力で走ってタイムを計る。なおかつ、ゴールする場所を明確に頭でイメージしておいて、そこだけを見据えて真っ直ぐ走る。それをやれば、自分がイメージするラインが体現しやすくなる。制球力アップのためには、実際に狙ったところへボールを投げるだけではなく、走りながらでも効果は上げられると思うし、これまでの経験で言えることは、これらの積み重ねが自分の制球力を支えている。

夏場に入ると身体がバテやすくなるし集中力も保ちづらくなるけど、シーズン中の練習に関しては、故障や違和感などよっぽどのことがない限りは、決められた同じメニューをシーズン通してやっている。だから調子が良くないと感じても、遠投やキャッチボールの時間を多めにすることはあっても、減らして早めに切り上げるようなことはまずない。

あと、コンディション作りの一環としてホテルの部屋などで「夏場は肩が冷えるからクーラーをつけない」「乾燥しやすいからお風呂にお湯をためておく」とよく聞くけど、僕はそういった対策は一切やらない。むしろクーラーはガンガンかけるし、無理してストレスをためたくない。

NPB
YOSHIMI
19

高濃度酸素を利用して コンディショニングを高める

高いパフォーマンスを発揮するためには、コンディションをしっかり整えることが必要となる。そのために吉見をはじめ、マリナーズ岩隈久志など多くのアスリートが重要視しているのは、「酸素」だ。

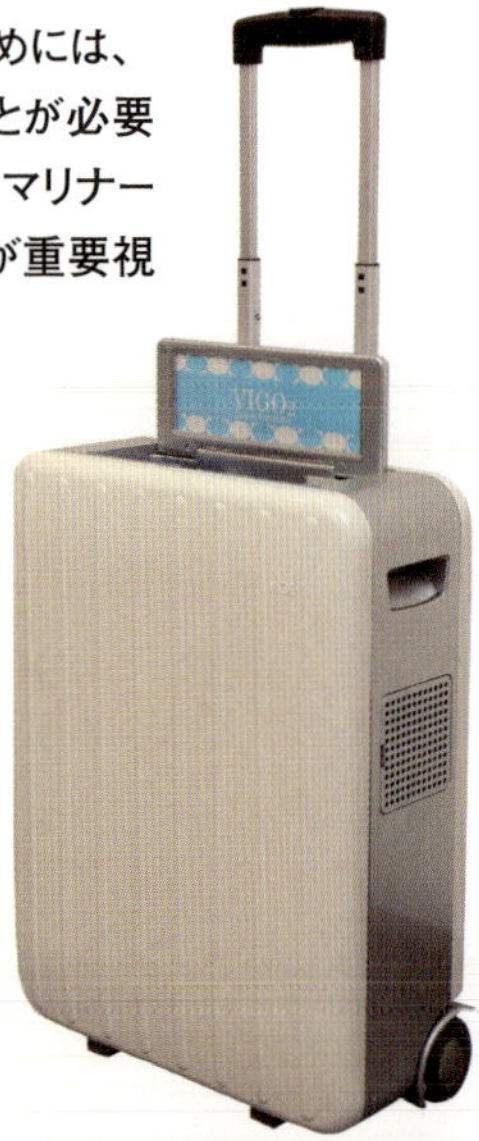

キャスター付きで持ち運びが便利な「PSA-3000」

「酸素」の重要性

パフォーマンスを落とす要因には様々なものがある。その中の1つが疲労。血液中に乳酸がたまることによって疲労が生まれる。乳酸がたまりにくくするため、パフォーマンスをおこなったあと「有酸素運動」をおこなうのは広く知られている。大量の酸素を身体に取り込むことにより、血液中にたまりつつある乳酸を分解するためだ。

「有酸素運動」はジョギングやエアロバイクなどを長時間おこなう必要性がある。それは空気中に存在する酸素量が多くないからである。実際の空気中における割合は酸素が約21%。約78%が窒素で、残りの1%がそれ以外と言われている。空気中には21%しか酸素が存在しないため、それを体内中に必要量、取り入れるためには時間もかかってしまうのだ。

「溶解型酸素」と「結合型酸素」

そこで、「より効果的に酸素を取り入れたい…」、という考えから生まれたのが「酸素カプセル」である。(02年日韓ワールドカップ時に「ベッカムカプセル」として話題になったことも記憶に新しい)。「酸素カプセル」は密閉したカプセルに入り、中の気圧を上げることで、酸素を身体に浸透させる方式。この時の酸素は「溶解型酸素」というものである。

そして近年、アスリートの間で話題となっているのが、酸素カプセルとは異なる「酸素発生器」である。この「酸素発生器」ではより濃縮した酸素を発生させる。そのため、通常の空気中では約21%しか存在しない酸素を、40%～90%にまで濃縮することが可能。この酸素は赤血球中のヘモグロビンとより効率的に結合できるため、「結合型酸素」と呼ばれる。

「酸素発生器」を多くのアスリートに提供しているのがビィーゴ株式会社。

鉱石である「ゼオライト」を用いて空気中から窒素のみを除去。小型化、静音化といった独自技術を用いながら、40%~90%という高濃度の酸素を作り出すことに成功した。

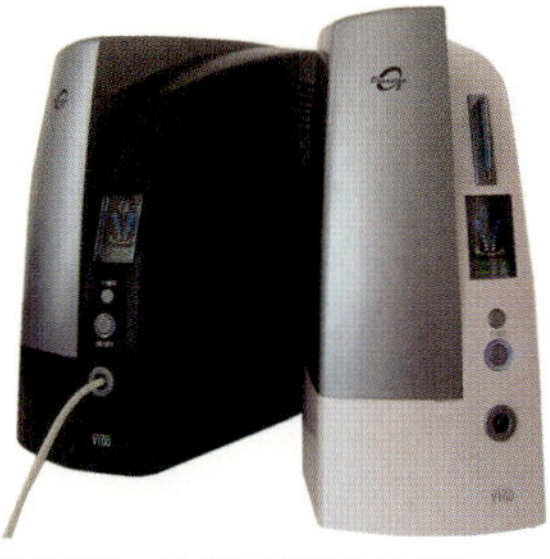

低振動・低静音設計の「02 Paradise」や小型の「Oxy'z」などラインアップも豊富

高濃度酸素の効果

高濃度酸素はトップアスリートだけに必要なものでもない。近年、二酸化炭素量の増加に伴い、空気中の酸素量も減少している。また人間は20歳をピークに肺活量は下がるため、体内の酸素濃度が減少。結果、老化現象や免疫力の低下も生じる。加えて、ストレスや喫煙、飲酒、運動不足、食事など現代の生活習慣も酸素の吸収量を大きく低下させる。

それらを考えると、高濃度酸素を定期的に体内へ取り入れることは重要なこと。高濃度酸素の具体的効果としては…、疲労回復／ダイエット／美肌／体温上昇・免疫力向上／二日酔いの予防、回復／記憶力・集中力が挙げられる。

高濃度の酸素を作り出すことを可能にする鉱石「ゼオライト」

「勝てる投手」吉見は、マウンド上で変わらないパフォーマンスを発揮するために日頃から様々なことに気を配っている。高濃度酸素を活用するのもその1つ。プロとしての徹底的なこだわりがここにもある。

酸素発生器についての詳細

ビィーゴ株式会社

〒103-0025
東京都中央区日本橋茅場町1-6-3
山楽ビル2F
TEL:03-6661-7030
FAX:03-6661-7032
E-Mal:info@vigo.co.jp
http://www.vigo.co.jp

コンディショニングについて

よく走る投手だ。オフシーズンは陸上部のような走り込み。そして山の斜面を1kmほどひたすら下ったり登ったりする。もちろんシーズン中もしっかりと走り込みをおこなう。

「何で走るのか?、と言われると、不安だから。先輩方の姿を見ても、やっぱり走っている投手は結果を残している。だから速い遅いは別として、走れる投手は強い、と思った」

また多くの投手が重点を置くウエイトトレーニングは、オフ期間中にはあまりおこなわない。それにも大きな理由がある。

「投球というのは、全身運動なので身体の軸を真っ直ぐにして投げることが大事。身体が曲がった状態でピッチングなりウエイトトレーニングをしても、効果が半減するし変なクセも付いたりする。いかに身体を真っ直ぐ、正しい状態でトレーニングに臨むかがオフ期間は重要。だからウエイトトレーニングをメニューから消した」

そしてシーズン中は、投球練習はあまり必要としない、という考えを持つ。

「パワー系投手は別だと思うけど、僕の場合はいかに一球のムダもなく、相手の胸に向かって投げられるかが大事。だからキャッチボールを1球ずつ大事にしている。その1つひとつの積み重ねが大事な場面で出るとも思う」

「もちろん、キャンプ中は長いイニング投げる感覚を思い出すためにも、投げ込みをすることはある。でも基本的にはキャッチボールを最も大事にしている」

球界きっての制球力を生み出すのも、やはり野球の基本と言われるキャッチボールからなのだ。

身体を真っ直ぐ、正しい状態で
トレーニングすることが大事

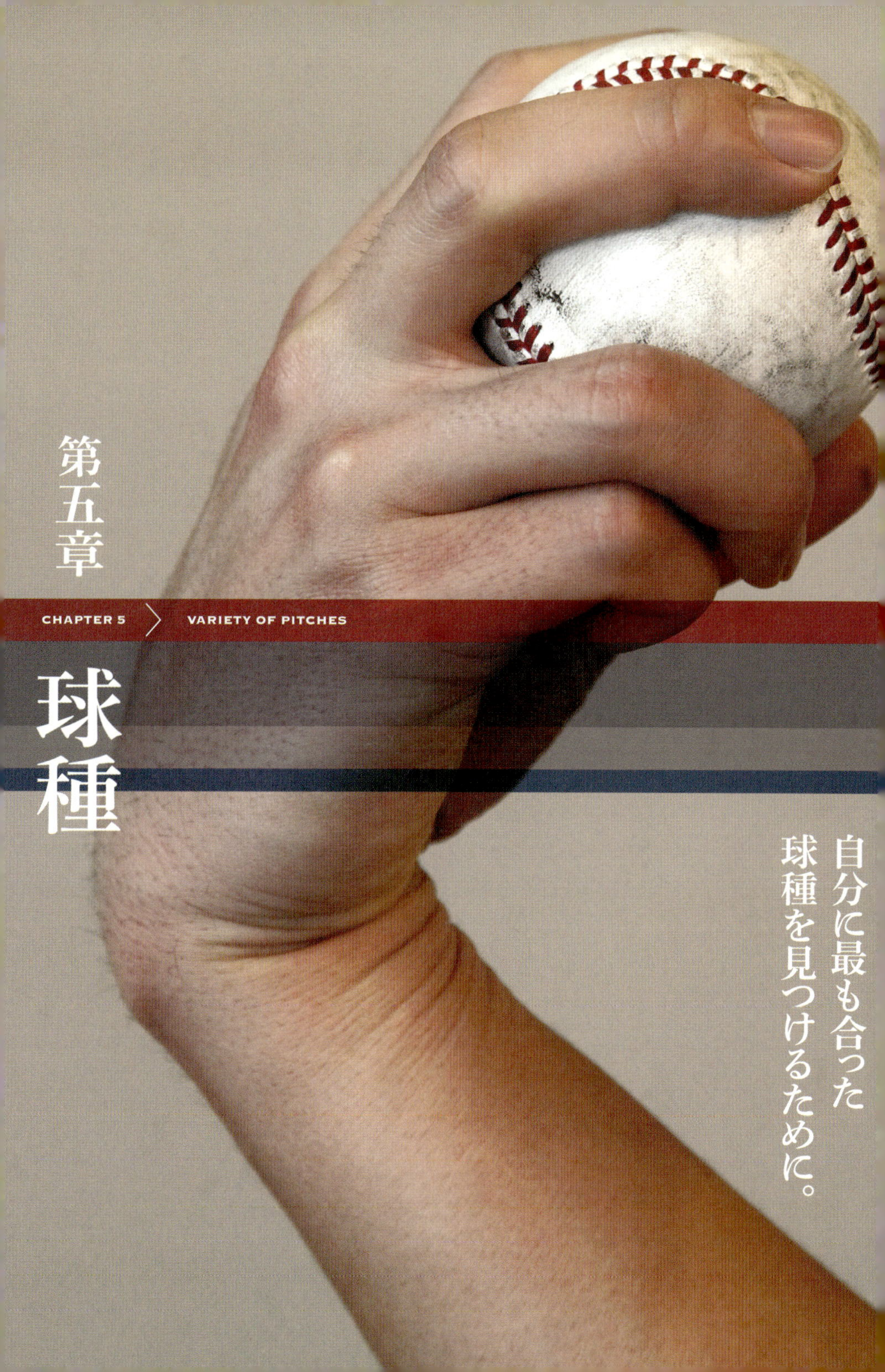

第五章

CHAPTER 5 〉 VARIETY OF PITCHES

球種

自分に最も合った
球種を見つけるために。

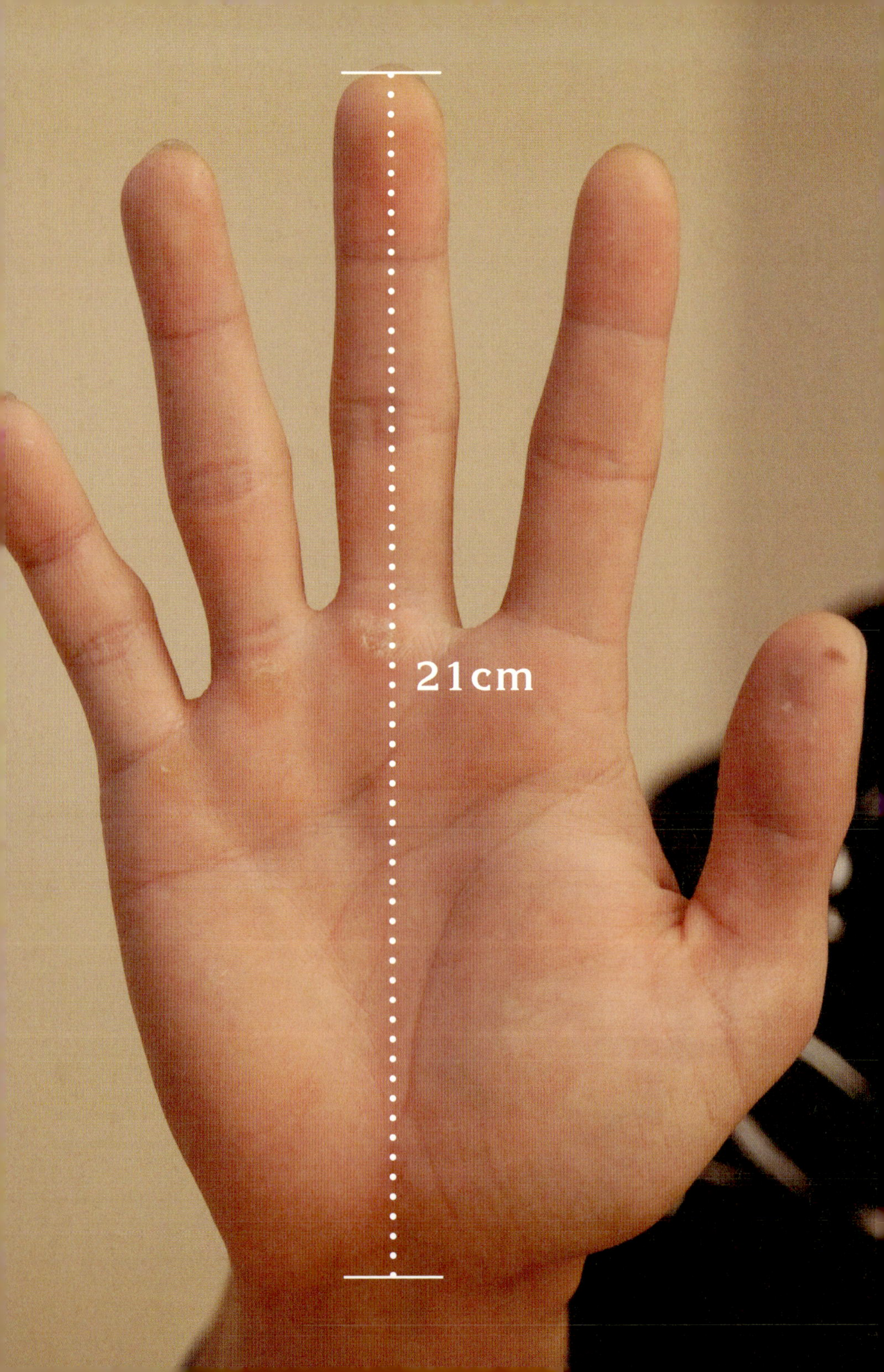
21cm

CHAPTER 4 | VARIETY OF PITCHES

小さな曲がりで打者を翻弄する

同じ球種を状況によって投げわける

　球種をいくつも持っているイメージを持たれているけど、実際に試合で投げているのはストレート、シュート、スライダー、フォークの4種類。パームも投げられるけど、ひじに負担がかかるから今はほとんど投げていない。

　球速の頁でも触れたけど、いまはストレートの速さにこだわりはない。それよりも、いかにストレートを軸にしながら打者を惑わせるか。極端に言えばストレートに対してすべての変化球がボール1つぶん変化してくれれば十分。それだけで打者を惑わせることができるから。球速も、パーム以外の4球種は、140キロ前半のストレートと130キロ前後の変化球。この10キロくらいのスピード差の中で勝負している。

　むしろ大事にしているのは、1つひとつの球種の質より、勝負球なのか、見せ球なのか、それともカウントを稼ぐためのボールなのかという状況に応じた出し分け。キャッチャーが出してくれるサインの意図をしっかりくみ取り、その中で同じ勝負球でも「ここはストライクゾーンで勝負」とか「この場面はボールゾーンでいい」など、しっかりそのシチュエーションに応じて投げることを心がけている。

　だから「サインに対してどう投げるのか?」は自分次第。嫌なら首を振ればいいけど、首を振ってもサインが変わらない時もある。それなら「ここはボール球でいいんだな」という結論に至る。もちろん試合をやっているのは自分ひとりだけではないし、客観的な視点という意味では、キャッチャーの方がピッチャーの状態をしっかり把握している場合もある。その中で、キャッチャーが「今日の吉見はスライダーがいいな」と感じたのなら、それに合わせて組み立ても変わるし、球種自体の割合も試合ごとに変わる。それは自分の感覚と違うこともあるから、キャッチャーとしっかり意見をすり合わせることも、勝つためには大切なプロセスだと思う。

CHAPTER 4 | VARIETY OF PITCHES

よりバッターに近い位置でボールを離す

親指をボールの中心において支えることで握りの安定感が増す

性質

言わずもがなピッチングの柱となるボール。今は１４０キロをどうやって速く見せるかを考えている。他の球種を活かすも殺すもストレートの走りにかかっている。

使用

カウント球と決め球のどちらでも使う。ストレートの走りはその日のバロメーター。基本はアウトコースが中心で、そこにしっかり投げられればインコースも心配はない。自分の頭の中で描く軌道でしっかりキャッチャーミットに収まれば、これほど気持ちの良いことはない。

投げるコツ

フォームでは「叩き落す」というイメージ。マウンドの傾斜を活かして

親指と人差し指の間には少し間をあけて握っている

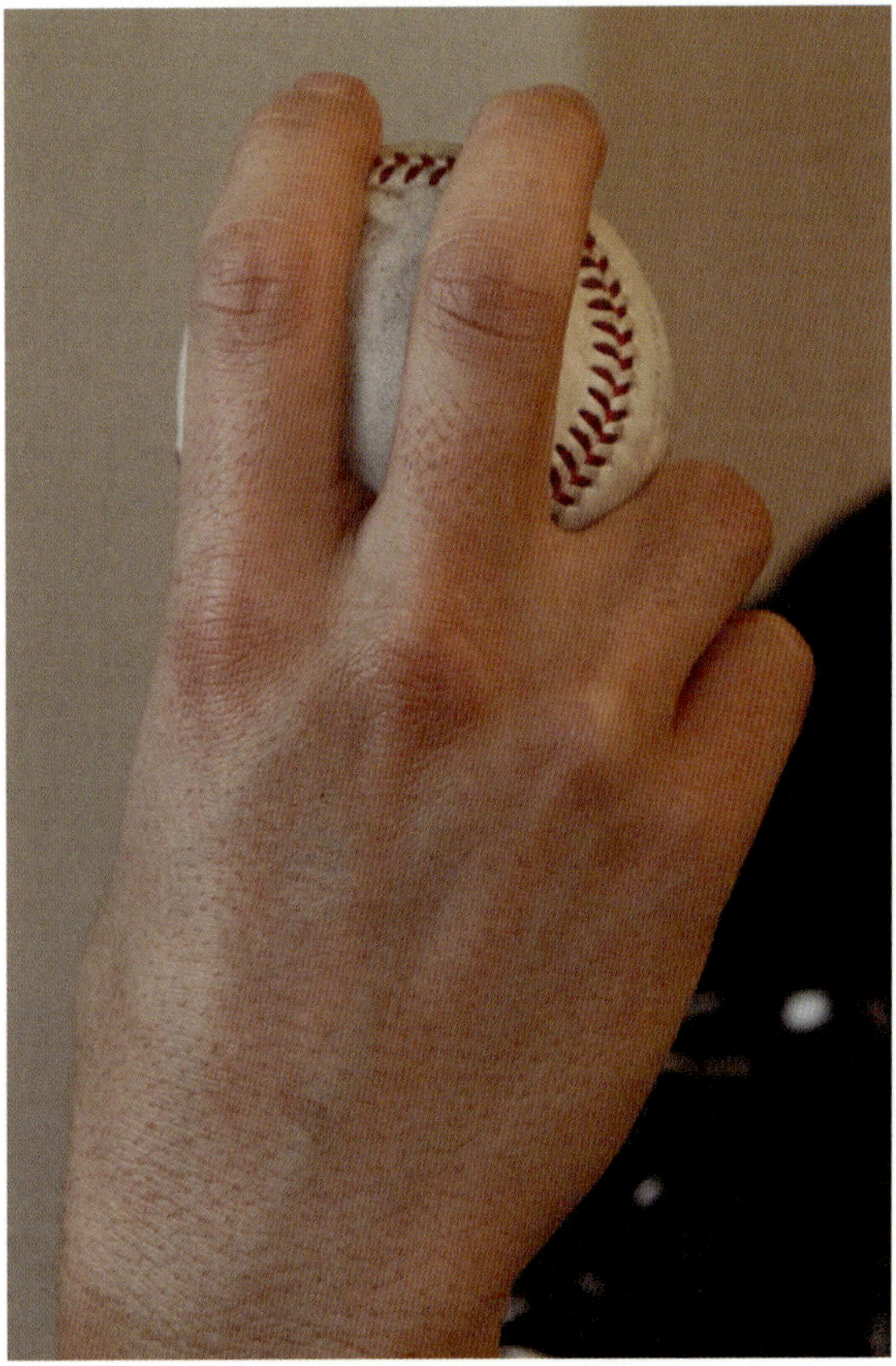

人差し指と中指の2本の指を縫い目にしっかりかける

薬指の第一関節と第二関節の間でしっかりと支える

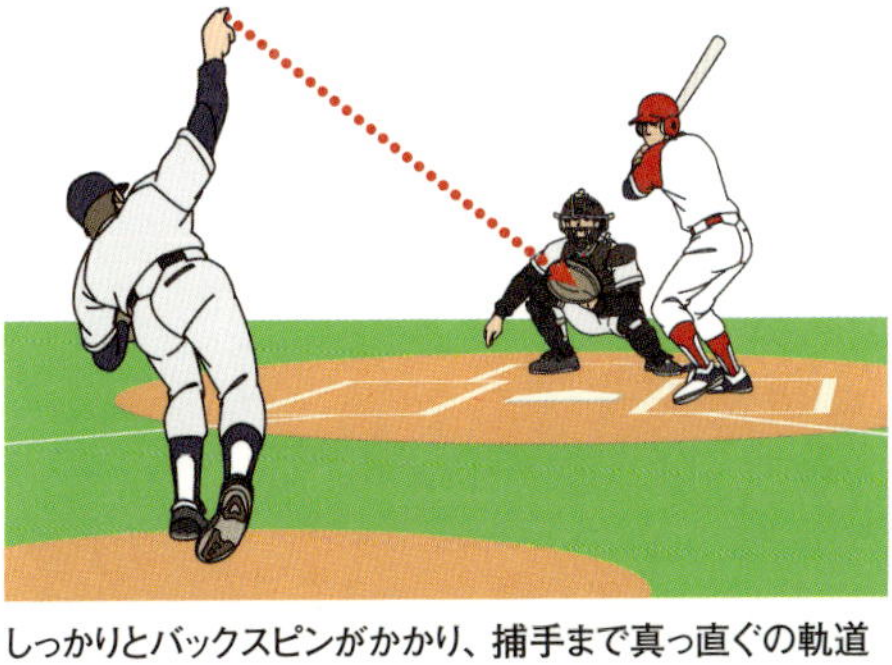

しっかりとバックスピンがかかり、捕手まで真っ直ぐの軌道

投げる自分のようなタイプの投手は、腕をしっかり振り切ることが大事。また、なるべくバッターに近いところでボールを離すよう心がけている。球持ちが良いと言われるピッチャーと同じように、離れそうで離れないという感覚が大事。球速にこだわっていた頃は、リスト強化や指先の感覚を良くするトレーニングをやっていた。今の制球を重視するスタイルにしてからはやっていない。

CHAPTER 4 | VARIETY OF PITCHES

握り以外はストレートと同じ投げ方

人差し指と中指は縫い目にかけず、全体的に左よりに握る

性質

自分の中ではツーシーム（※）ではなく、あくまでシュート。基本的にはストレートと同じで、人差し指で弾くイメージで投げる。握りはスライダーとは逆。だからキャッチャーに向かって左ではなく、右に曲がる。

使用

特に右バッターに対して、内野ゴロや詰まらせたいときに選択するボール。自分のようにコーナーワークで勝負するタイプの投手にとっては欠かせない球種だと思う。

人差し指の左側が縫い目の内側に少しかかるように握る

薬指の第一関節と第二関節の間でしっかりと支える

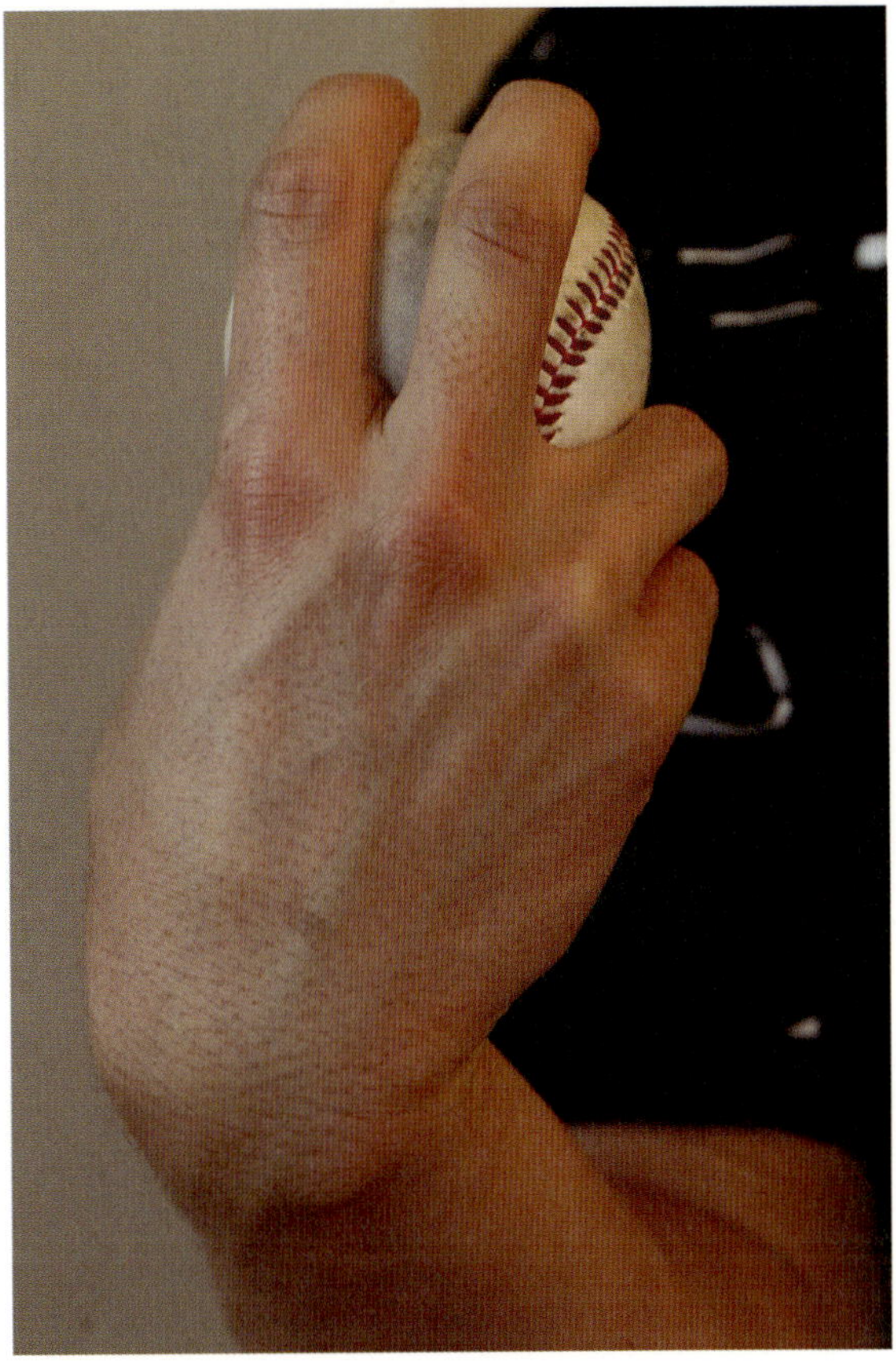

人差し指と中指でしっかりとボールの表面にかかる

投げるコツ

シュートだからといって腕の振りを変えたりはしない。変えるのはボールの握りだけで、腕の振りはストレートと同じ。これはストレートに対して、ボール1個ぶん曲がってくれればOKだと思っているから。これから新たにシュートをマスターしたいという人も、自分のスタイルに合った曲がり具合と握りを探してほしい。

右打者の内側、左打者の外側へ向かって曲がって行く軌道

人差し指と中指を右より、親指も中心より右よりに握る

CHAPTER 4 | VARIETY OF PITCHES

カットボールに近い曲がり方

性質

どちらかと言えばカットボール(※)に近いかも知れない。ひねって大きなスピンを加えるわけではなく、小さな曲がりで十分だと思っている。腕の振りはこちらもストレートと同じで、握りが違うぶんだけ、曲がり方も違う。

使用

カウントを稼いだり、勝負球で使ったりと多種多様。基本的には右打者に対するアウトコースが多く、ストライクゾーン、ボールゾーンと幅広く投げ分ける。

親指をしっかりと縫い目にかけることで強い回転がかかる

薬指の第一関節と第二関節の間でしっかりと支える

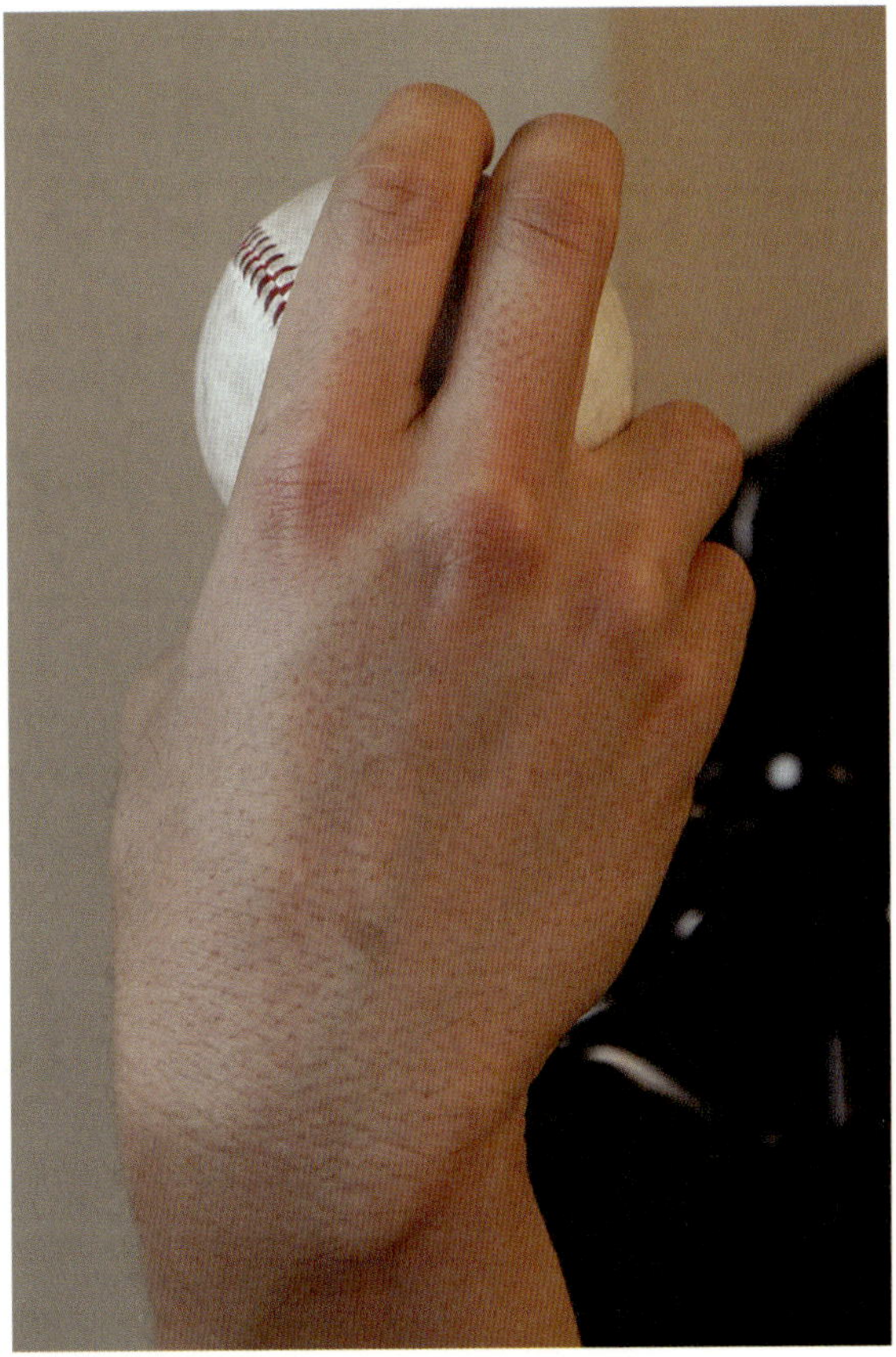

中指を縫い目の内側にかけることで鋭い回転を与える

投げるコツ

スライダーに関しても、手をひねるのではなく人差し指で弾くイメージ。小さい曲がりで打者のタイミングを外すことができれば十分。よく「抜く」と表現する人がいるけど、僕の中で抜く感覚はない。ただし大きな変化を加えたい人は、リリースの瞬間にひねりを加えるなど、自分に合ったスライダーをマスターしてほしい。

打者の手元で右打者の外側、左打者の内側へ鋭く曲がる

CHAPTER 4 | VARIETY OF PITCHES

落差よりもスピードを重視したフォークボール

人差し指と中指の先を縫い目にかけ、親指をボールの中心におく

性質

フォークだけはストライクカウントに応じて握り自体を変えている。カウントを取りに行くときは、落差よりもスピードを重視している。

使用

カウントを稼ぐと言っても、空振りを狙うわけではない。打者がタイミングを外して凡打になってくれれば十分という意識を持つ。スピードを重視しているぶん、よりストレートに似せることを意識している。

親指と人差し指の間には少し間をあけて握っている

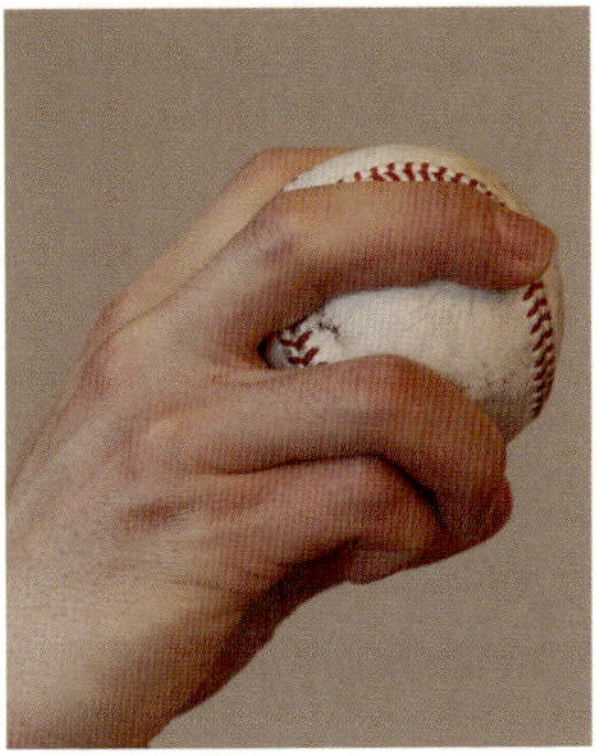

薬指の第一関節と第二関節の間でしっかりと支える

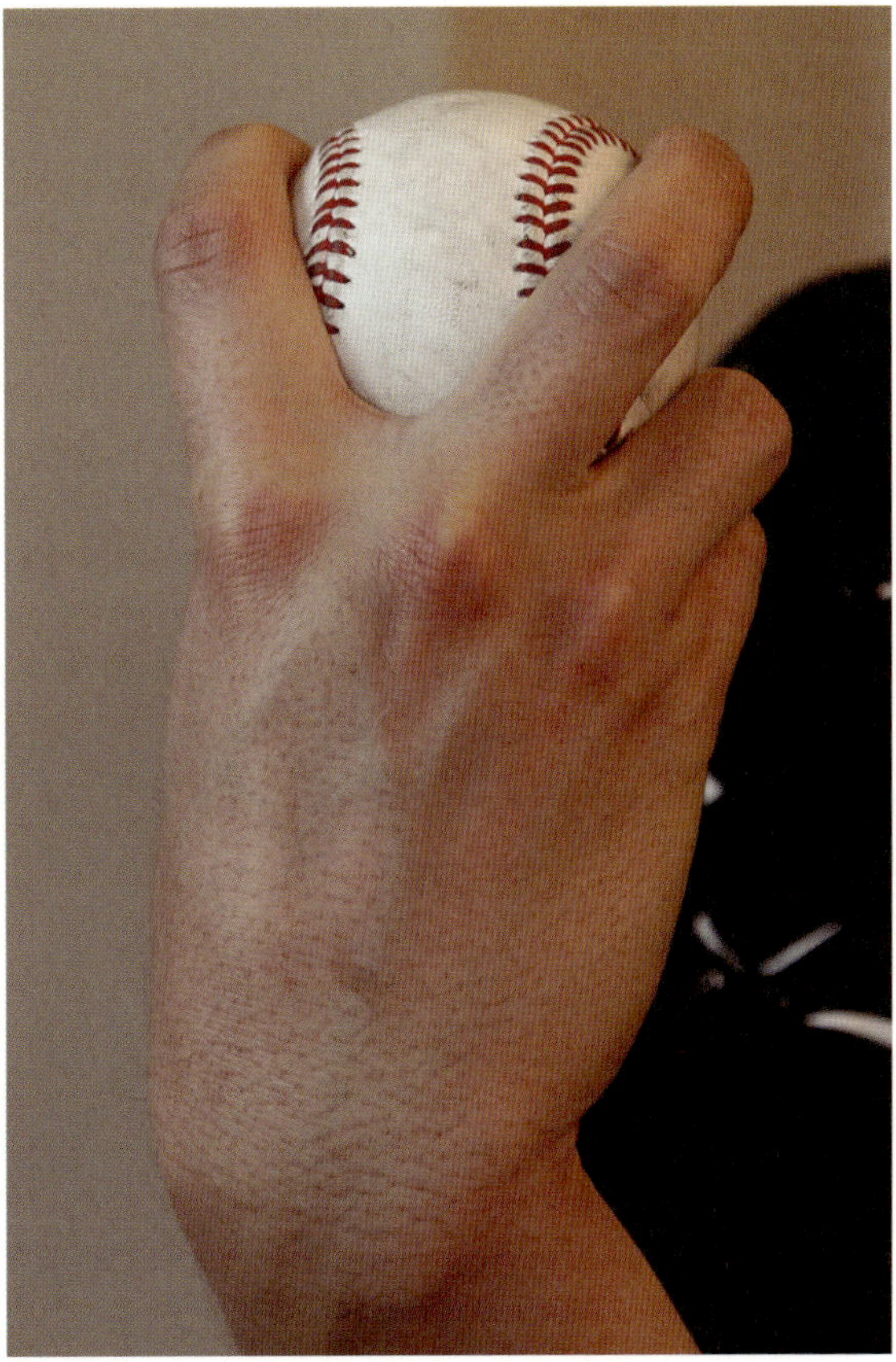

人差し指と中指で縫い目の間を挟むようにして握る

投げるコツ

握りの違いは親指の位置。カウント用の方が親指を中に入れ薬指と近い感じ。人差し指と中指の挟み方は一緒。カウント用はあまり落とさないように意識している。狙うコースもストライクゾーン低めの内側と外側。ストラックアウト（※）で言う7番と9番の位置。8番の真ん中低めは、抜けた時が危険なので避ける。

勝負用のフォークよりスピードがあり落差もそこまで大きくない

CHAPTER 4 | VARIETY OF PITCHES

ボールゾーンで勝負するフォークボール

人差し指と中指の先を縫い目にかけ、親指は中心より右よりに握る

性質

カウントを取りに行くボールよりも、スピードを抑えて落ち具合を重視している。ただし、あくまでも感覚の問題で「落とそう」という気持ち自体はそこまで強くない。

使用

やはり三振が欲しい場面で投げることが多いから基本は空振りを狙っている。ストライクゾーンから落すのか、それともボールゾーンからさらに落すのか。キャッチャーの意図を汲みながらしっかり投げ込むことを意識している。

親指は縫い目にかけるようにして握る

薬指の第一関節と第二関節の間でしっかりと支える

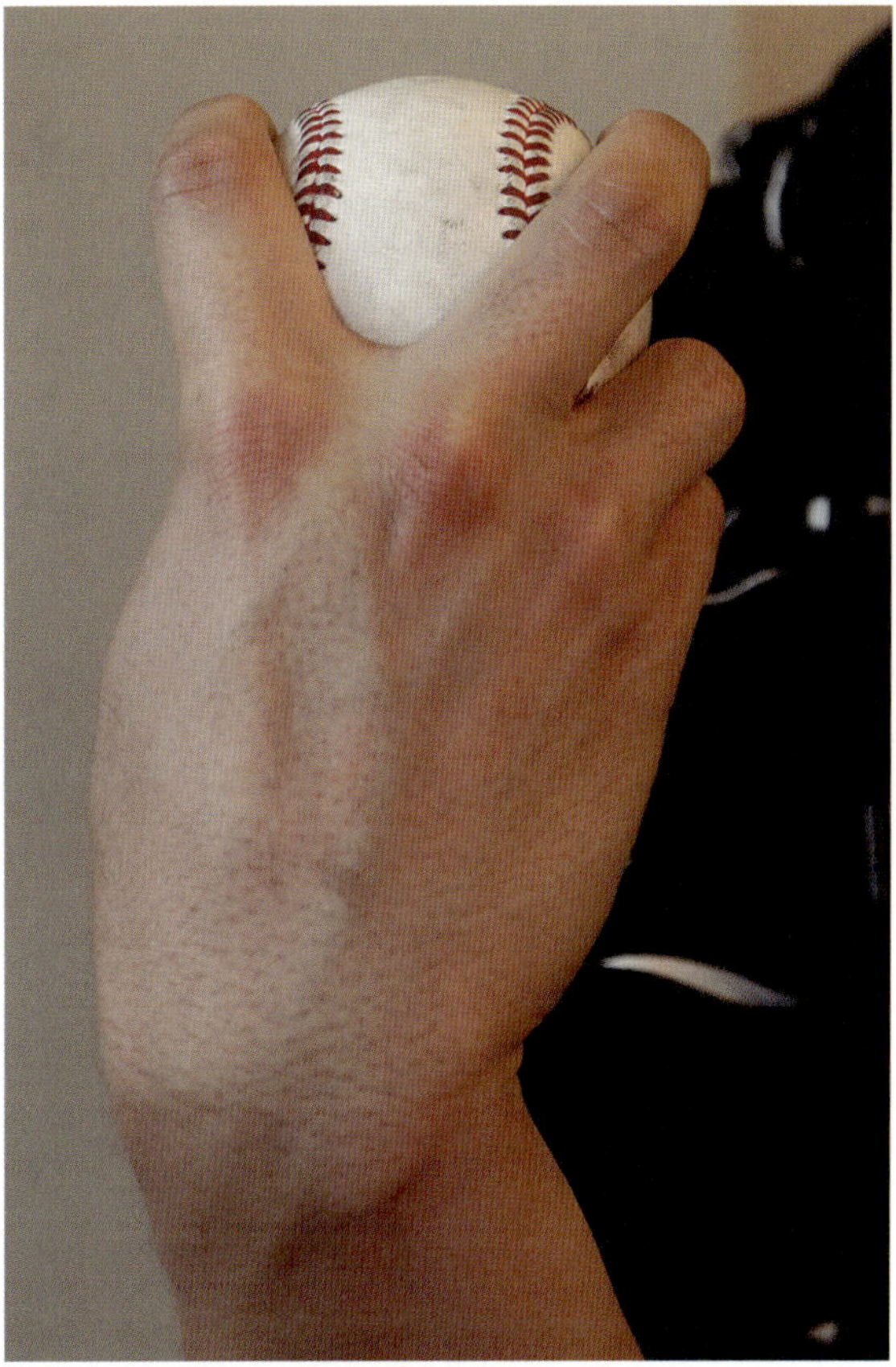

人差し指と中指で縫い目の間を挟むようにして握る

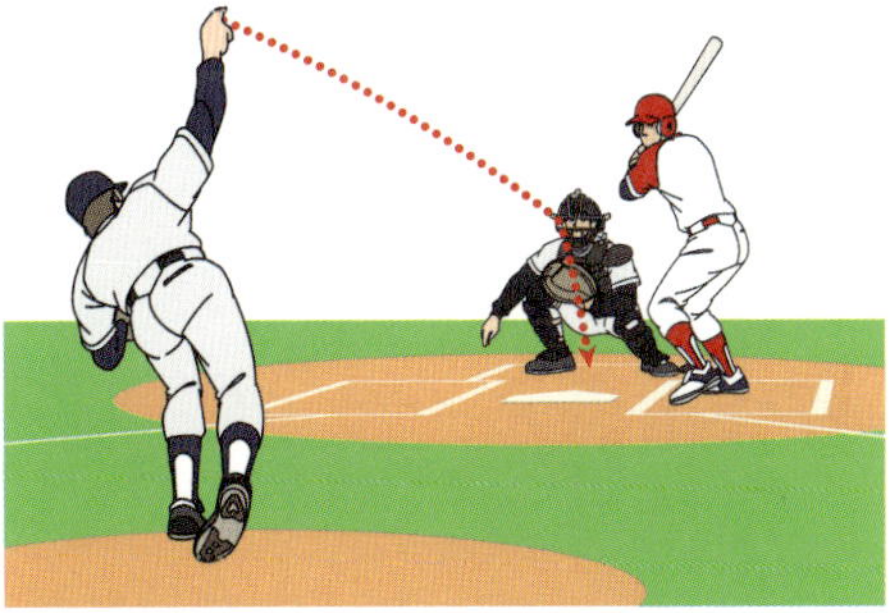

カウント用のフォークよりスピードはないが落差は大きい

投げるコツ

親指の位置をカウント球よりも外に置く。一般的には、チェンジアップ(※)の握りに近いかもしれない。勝負球の状況では打者もフォークボールを予測している場合が多いから、あまり曲がりが早ければ見切られてしまう。より打者に近い位置で落とすのが理想。

「パームあり」と思わせることが大切

親指と薬指の先を縫い目にかけて、手のひらで包み込むように握る

性質

役割としては打者の目先を変えたいときに使うボール。スピードは120キロ中盤で、ゆるやかに落ちていくボール。

使用

12年シーズンは、確か5球くらいしか投げていない。それも決め球ではなく、初球とか1ストライク後とか、余裕がある場面のみ。ただしたった5球でも、相手が「吉見にはパームもある」と思ってくれれば十分。多くの選択肢を与えることで他の球種が活きる。

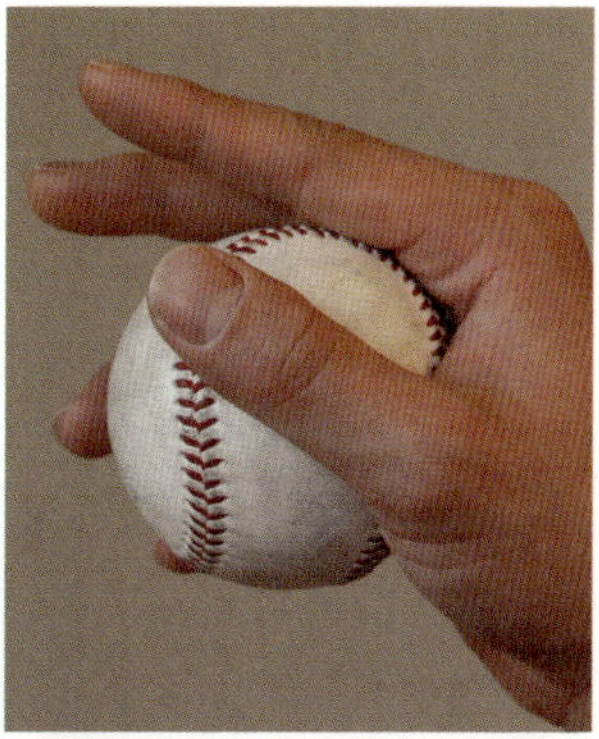

親指全体を使ってしっかりと支えるように握る

薬指と小指を使ってしっかり支えるように握る

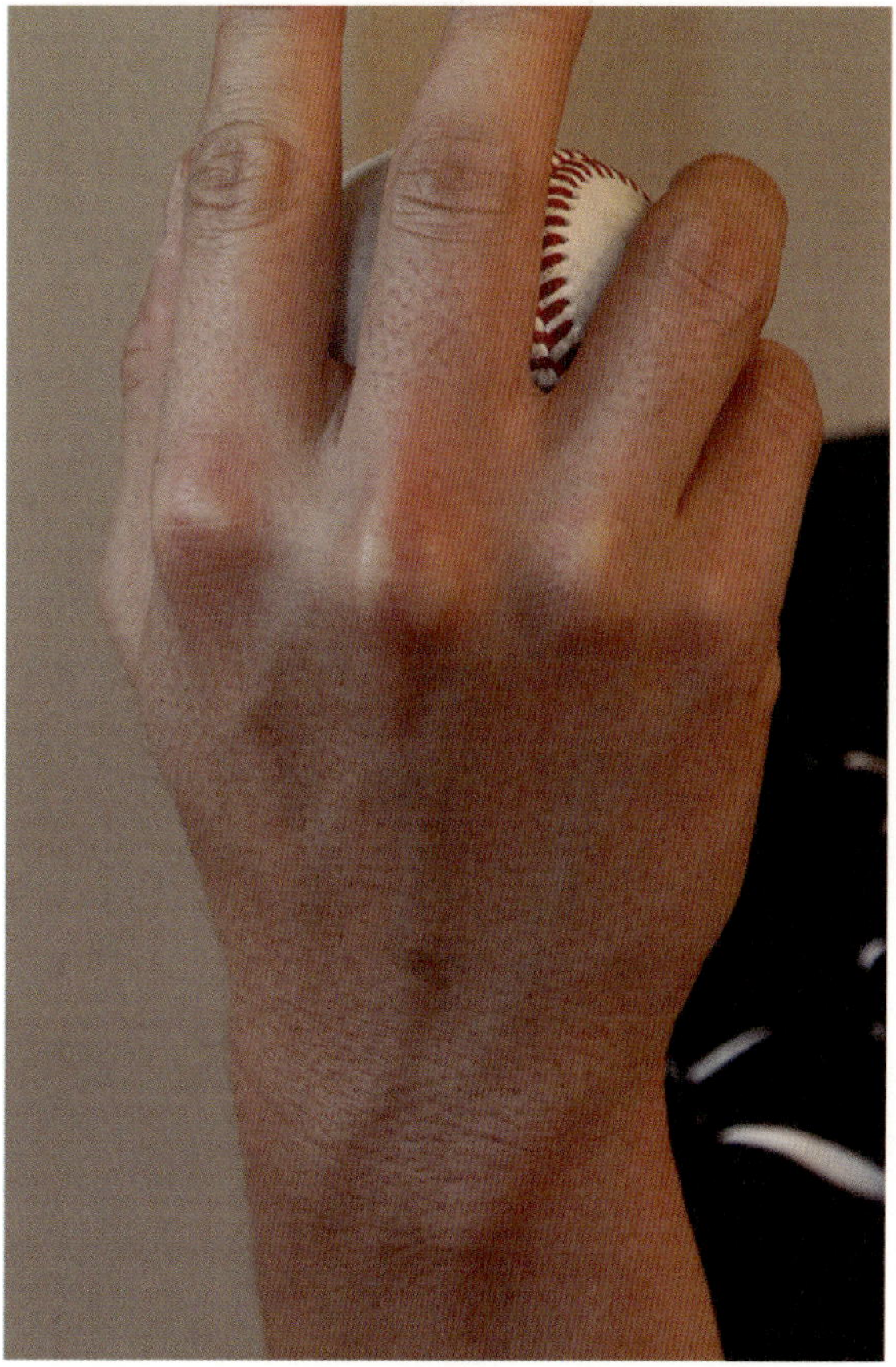

人差し指と中指の第二関節から先はボールに触れないように握る

投げるコツ

球速が出にくいから取得するにはかなり投げ込まなければならない。あと、パームの割合を減らした理由として、ひじへの負担がある。パームに限った話ではないけれど、自分の腕や手に負担がかかるボールはなるべく避けるようにしてほしい。

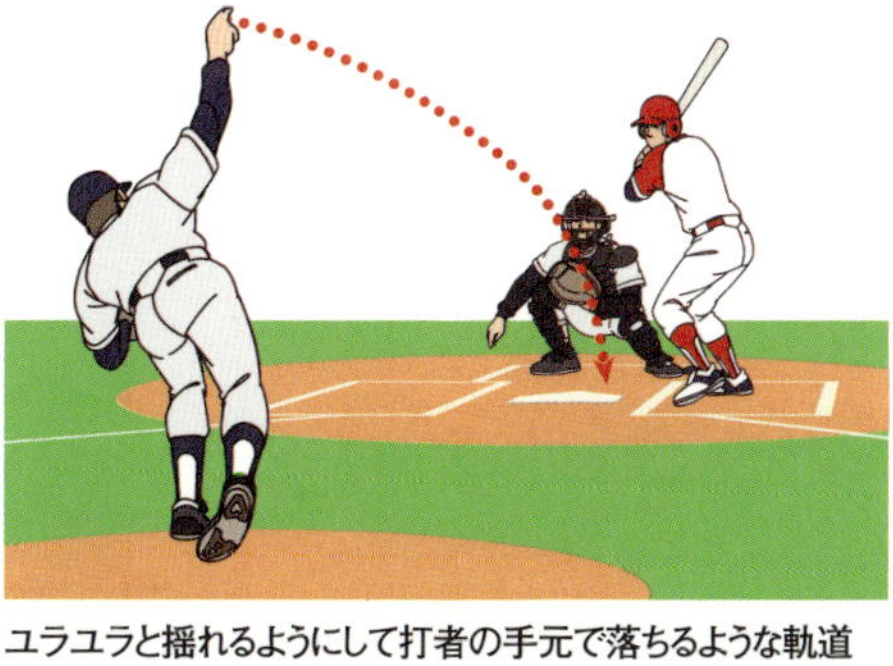

ユラユラと揺れるようにして打者の手元で落ちるような軌道

ストレートと変化球

もはや吉見にとっては、ストレートもただの「1球種」なのかも知れない。

「今は変化球を『いかにストレートに見せるか』ということにこだわっている。『ストレートの軌道から少しだけ変化すればいいかな』くらいに」

ピッチングの王道と言えば「いかにストレートを速く見せ、変化球でタイミングを崩すか」が一般的な考え方だ。140キロのストレートのあとに120キロのカーブを投げれば、ほとんどのバッターはタイミングを崩し、自分のスイングができない。しかし吉見の考えは違う。相手に自分のスイングをさせた上で、バットの芯を外すのだ。

「極端に言えば、ボール1個分だけ変化してくれればいい。小さな変化で打者がポンポン打ち損じてくれて、三振はゼロでいいから、9回を90球くらいで完投するのが理想」

だからこそ、変化球に対する考え方も独特だ。

「変化球に対して、『抜く』という感覚がない。実際にスライダーやフォークは大きく曲げないし、途中までストレートに似た軌道で、打者の手前で少しだけ曲がってくれれば十分」

捕手が出すサインに対しても、その意図をしっかり理解してから投げる。

「同じ変化球のサインだったとして、ここは見せ球か、それとも勝負球か。その判断を誤らないこと。何も考えずに、キャッチャーの構えたところにサイン通りに投げても成長しない」

中日には谷繁という絶対的なキャッチャーがいるが、頼ってばかりではいけない。意図を把握した上で、一球一球、丁寧に投げることが重要だ。

リリース直後は、すべての球種がストレートに見えるようにする

第六章

CHAPTER 6 〉 TRAINING

トレーニング

フィジカルを高めるための
効果的なトレーニング方法。

投球の時に大事なのは、身体を常に立てておくこと。自主トレ期間中から、常に体幹を意識して、身体を立てた状態でパフォーマンスをおこなうことを重要視している

器具を使用しないウォーミングアップ

サイドステップ・ノーマル

塁間ぐらいの距離を横を向いた状態で普通にサイドステップ。中間あたりからはスピードを上げる。

この時に両腕は横→上→横→下→横→上と1ステップごとに繰り返す。

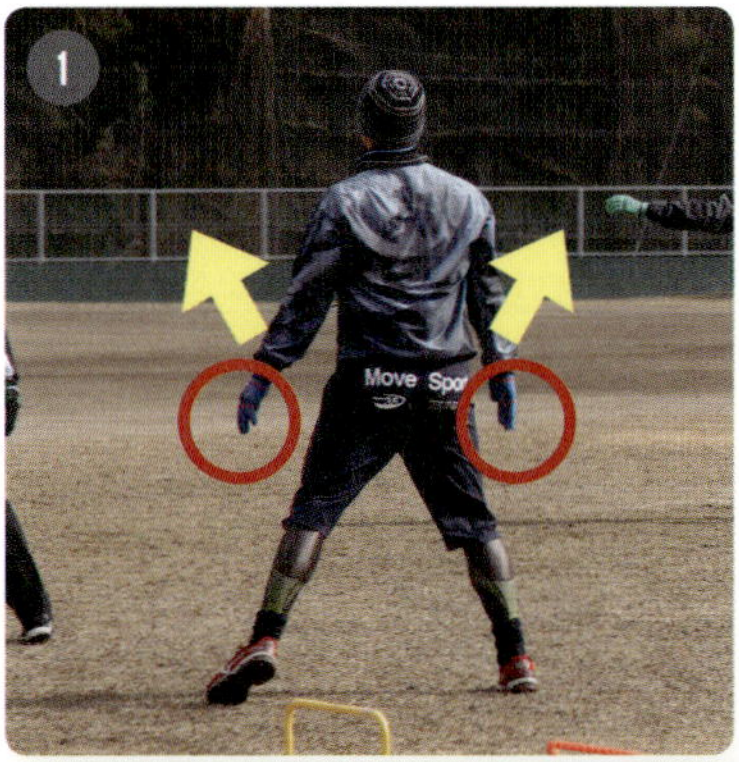

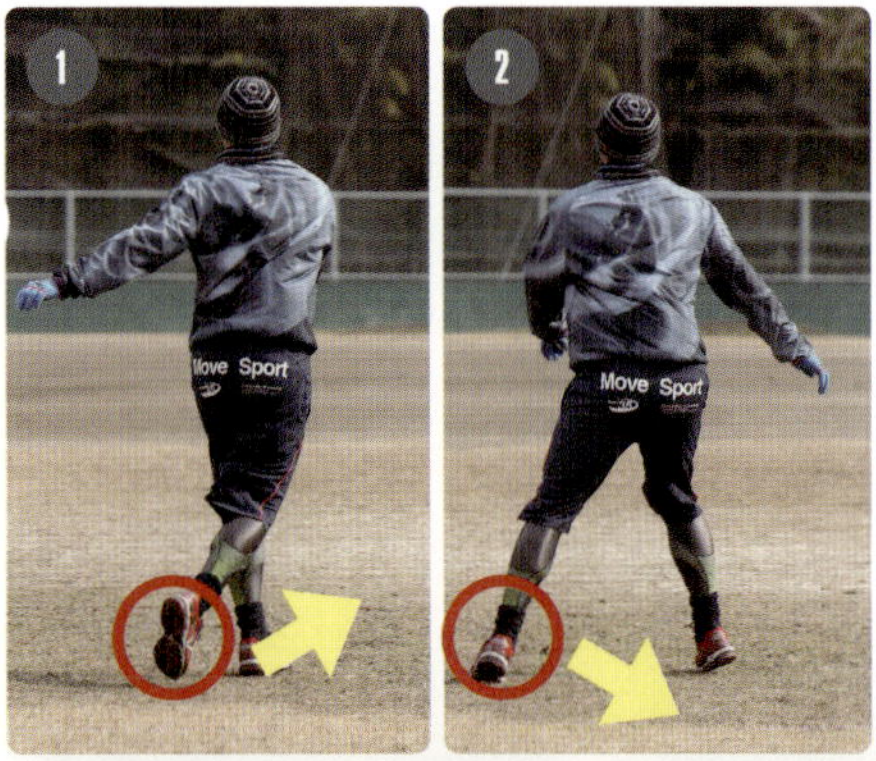

サイドステップ・カリオカ

塁間ぐらいの距離を横向き状態でサイドステップ。この時、1歩ごとに両足をクロスさせる（①、③）。 中間あたりからはスピードを上げる。この時に両腕は下→真ん中→上と2ステップ（両足をクロス）ごとに繰り返す。

ダンジ❶

畳間ぐらいの距離を1歩ずつしっかり腰を落としながら歩く（①〜③）。
この時に両腕は1歩ずつ上げ、肩甲骨をしっかり締める。

ダンジ❷

畳間ぐらいの距離を1歩ずつしっかり腰を落としながら歩く（①〜⑥）。

この時に両腕は腰を落とした時、そして立ち上がった時の両方で1歩ずつ横に開く（③、⑥）。

ダンジ❸

塁間ぐらいの距離を1歩ずつしっかり腰を落としながら歩く(①〜⑧)。

この時に両腕は腰を落とした時、そして立ち上がった時の両方で1歩ずつ小指からひねるようにして上げる。

ダンジ❹

塁間ぐらいの距離を横向き状態で、1歩ずつ片足で粘りながらしっかり腰を落として歩く(①〜④)。投球時の足を上げてから重心移動のイメージ。前方の足はカカトからゆっくりと着地させる(⑤〜⑨)。

この時に両腕は胸の前に置いてバランスを取る(⑦〜⑨)。1歩ずつ身体の向きを左方向、逆の右方向と交互におこなう。

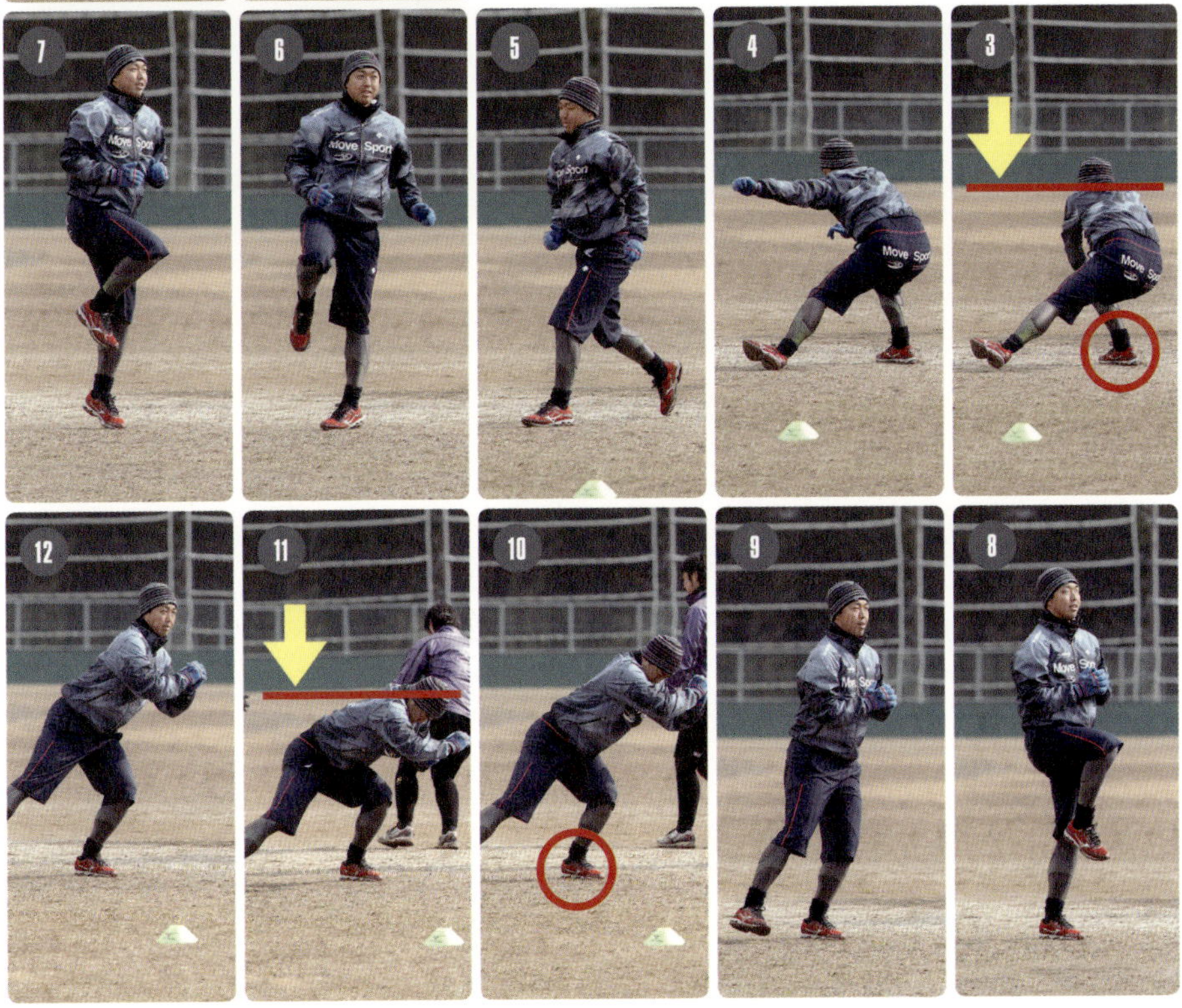

CHAPTER 6 | TRAINING

小型の「ハードル」を使用したウォーミングアップ

ノーマルなもも上げ

しっかりももを上げてハードル間を1歩ずつで駆け抜ける(①〜④)。ハードルを抜けたら10mぐらいの距離をダッシュ(⑤)。

細かいステップでのもも上げ

ハードル間で両足を踏みながら、しっかりももを上げて駆け抜ける（①～⑤）。
ハードルを抜けたら10mぐらいの距離をダッシュ。

横向きで細かいステップでのもも上げ

横向き状態でハードル間で両足を踏みながら、しっかりももを上げて駆け抜ける。
ハードルを抜けたら10mぐらいの距離をダッシュ。
注意点：左向きにおこなったら、必ず右向きでも同じ本数をおこなう。

横向きで片足ジャンプ

ハードル間を片足のみでジャンプして進む。

ハードルを抜けたら10mぐらいの距離をダッシュ。

注意点：左足でおこなったら、必ず右足でも同じ本数をおこなう。

片足ステップ

前を向いた状態で片足のみでハードル間を1歩ずつ進む。この時に逆の足はハードルの外に置いて、力を入れずに引きずるようにしてバランスを取りながら進む。

ハードルを抜けたら10mぐらいの距離をダッシュ。

注意点：左足でおこなったら、必ず右足でも同じ本数をおこなう。

横向きで片足ステップ

横を向いた状態で片足のみでハードル間を1歩ずつ進む。この時に逆の足はハードルの外に置いて、力を入れずに引きずるようにしてバランスを取りながら進む。

ハードルを抜けたら10mぐらいの距離をダッシュ。

注意点：左足でおこなったら、必ず右足でも同じ本数をおこなう。

両足ジャンプ

前を向いた状態でハードル間を両足でジャンプして進む。両腕は腰のあたりに置く。

ハードルを抜けたら10mぐらいの距離をダッシュ。

CHAPTER 6 | TRAINING

「はしご」をモチーフにした「ラダー」を用いたウォーミングアップ

ノーマル駆け抜け❶

1マスに片足ずつを入れて駆け抜ける。この時にはしっかりと腕を振る。

ノーマル駆け抜け❷

1マスに片足ずつ両足を入れ、細かく足踏みしながら駆け抜ける。この時にはしっかりと腕を振る。

斜めジャンプ

ラダーに向かって左側に立つ。

右斜め方向にジャンプして右足はラダーを超えて外へ着地。左足はマスの中に着地③。

同様に左斜め方向にジャンプして④左足はラダーを超えて外へ着地。右足はマスの中に着地⑤。

左右を交互に繰り返してラダーを渡りきる。

注意点：ラダーの左側スタートが終了したら、必ずラダーの右側スタートをおこなう。

片足斜め駆け抜け

ラダーに向かって左側に立ち右足をマスの中に置く①。

右斜め方向へ1マスに片足ずつ両足を入れ、細かく足踏みするようにして②右斜め前のラダー外へ右足のみ着地③。

同様に左斜め方向のラダー外へ左足のみ着地⑥。

①～⑥を交互に繰り返してラダーを渡りきる。

注意点：ラダーの左側スタートが終了したら、必ずラダーの右側スタートをおこなう。

足首ひねり

1マスに片足ずつ着地させ、この時に上空にある足首は内側、外側にひねる。
注意点：足首だけでなく、股関節からひねるような意識を持つ。

横向き両足ジャンプ

横を向き両足で1マスずつジャンプして移動する。
注意点：片方が終わったら、必ず逆向きでもおこなう。

片足サイドジャンプ

ラダーの1マスに両足を置いた状態からスタート。
ラダー左外にジャンプし左足1本で着地③。
左足1本でジャンプしマス内に両足で着地④。
同様にラダー右外にジャンプし右足1本で着地⑤。
右足1本でジャンプしマス内に両足で着地②。
③〜⑤を繰り返してラダーを渡りきる。

片足マス内ジャンプ

片足サイドジャンプの逆パターン。
ラダー外に両足を開いて置いた状態からスタート。
ラダー内へジャンプし右足1本で着地①。
右足1本でジャンプしラダー外へ両足で着地②。
同様にラダー内へジャンプし左足1本で着地③、④。
左足1本でジャンプしラダー外へ両足で着地⑤、⑥。
①〜⑥を繰り返してラダーを渡りきる。

片足下半身ひねりステップ

マス内に左足を置き、ラダー手前側外に右足を置いた状態からスタート。
右足をラダー奥側外に着地④。
その状態で左足をマス1つ分進める（左足のみマス1つ分ステップ）⑤。
右足を左足に近付けるようなイメージでひねりながらラダー手前側外に着地⑥。
④～⑥を繰り返してラダーを渡りきる。

ゲーム性に富んだ方法で楽しみながらウォーミングアップ

［バレーボール］

5～6人ぐらいのチームに別れ、5mほどの距離で対峙し5人それぞれ列になる。

対峙した相手の胸にパスし走って向かい側の列の後ろに並ぶ②。

パス、捕球ミスのないようにして捕球、パスを30秒～1分間繰り返す。

同様にオーバーハンドパス、アンダーハンドパスでおこなう方法もある。

トレーナー鴻江寿治氏が語る
吉見一起の「進化」

「進化」を続けるエース

吉見投手とは5年ぐらいのおつきあい。「腰の調子が悪い」ということで、チームメートの井端弘和選手の紹介でお会いしました。会った時の第一印象は、「身体が大きいなあ」。とにかく腰回りが安定していて、横に大きいというイメージ。これは投手特有で、特に下半身が大きい。逆に野手特有の身体つきは胸板も厚い感じなんですよね。

選手はみんなそれぞれ特徴が異なる。筋力も身体の動かし方も異なる。また身体の不調を感じた選手の場合、その原因も異なる。例えば、フォームが悪いのか。実際にケガや故障をしているのか。もしくは筋力が足りない部分があり、そのせいで負担がかかっているのか。そういう部分をしっかり見極めて、その選手に合ったアドバイスをおこなっています。

吉見投手には、毎年オフ期間におこなう（鴻江スポーツアカデミー主催の合同自主トレ）他種目競技者による合同合宿に参加してもらってます。そこで毎年のように「進化」をしている。12年のキャンプ前は球速を上げようとした。150キロを超えるために全身の筋力を上げたため、その負担がかかったのかシーズン中に肉離れを起こした。そして13年は球速ではなく質を求めた。140キロ台でも球の回転を上げることで、体感150キロ台に感じるスピンの効いた球と、加えて常に求めているのは、ピンポイントの制球。今は「点」で狙って、そこから「線」で引いて来るイメージができあがっている。ミットというのではなく、本当に「点」で制球できる感じまでできている。

13年途中で手術をおこなった。もちろん残念でしたが、起きてしまったことはどうしようもない。それに対してどう対処して行くか。吉見投手はその辺りも自分で分かっている。だから焦らずにリハビリをおこない、新しいモデルを作り上げている。手術をおこなったことで1度リセットすることができた。ゼロに近い素の状態から身体と相談しながら、その時に最も良いものを作り上げる。下半身からわき上がったパワーが、ベストな状態で指先に伝わる。投球とは決して肩やヒジで投げるのではなく身体全身でおこなうもの。それを心と頭がコントロールする。これから先、新しいモデルの、さらなる「進化」を果たした吉見投手がみられるはずです。

鴻江寿治（こうのえひさお）

鴻江スポーツアカデミー代表。日本人にあった基礎方法を作り出し、動きの中から故障の原因を見つけ出し身体をみて触ってその人にあったものを作り上げていく理論を確立。現在、多数のトップアスリートのトレーナーとして活躍中。カラダの中心にある骨盤を整え身体のバランスを上げることで、本来の自分の持つパワーを引き出せるという理論。

コントロールへのこだわり

球速はもっともわかりやすい投手の評価基準だ。「MAX155キロ」「150キロ超えを連発！」。特に将来有望なアマチュア投手はスピード重視で評価され、球場のスコアボードに150キロ超えの数字が表示された途端、場内からは大歓声が沸き起こる。

しかしプロの世界は、身体能力に恵まれた猛者たちの集まり。150キロを投げる投手は数知れず、球速だけで客を呼べる投手もひと握りだ。

「僕も昔はスピードにこだわりを持っていた。でも故障やいろんな経験を重ねる中で制球力に活路を見出し、100%狙ったところに行くような投球フォームを求めてやってきた。狙ったところにピンポイントで投げられたら、ストレートのMAXは130キロでもいい」

まだまだ本格派が好まれるプロ野球の世界において、吉見はその流れに逆行する。

「いくら速くてもバッターもプロだし、目が慣れてくれば簡単に打ち返される。160キロを出したとしても、ヒットにされたりボール球になってしまったら何の意味もない」

制球力で勝負する男は、フォアボールを「悪」と考える。無意味な走者を一切排除して、失点のリスクを下げる。至ってシンプルな考え方だ。

「地味だけど、ファンの皆さんには、ベース板を広く使ったボールの出し入れに注目してほしい。ボールをどこで落すのか、ベースの手前かそれとも奥か。吉見一起という投手は、この狭間で勝負しているんだということを…」

さすがに同業者からも一目置かれる存在だけあって、求めるレベルも高い。

球速ではなく、すべてを完璧にコントロールできるようにしたい

第七章 インタビュー

CHAPTER 7 INTERVIEW

メンタルなど投手として必要なこと。

マウンドでは、完封、次は完投、と
局面で１つずつ目標を立てている

CHAPTER 7 | INTERVIEW

経験して気づいた モチベーションの重要性

打者ではなく自分との戦い。だから具体的なイメージをしっかり持つ

局面によって目標を変える

名実ともに中日のエースとして確固たる地位を築いた吉見。ここ数年続く投高打低のチーム状況の中で、少ないリードをしっかり守る「堅守・中日」の象徴とも言える男は、いかにして現状の投球スタイルを作り上げたのか。ここではメンタル面にスポットを当てながらこれまでの足跡を振り返る。

——いま現在、どんなことを考えながらマウンドに上がっているのか?

まずは毎回、自分の中で細かな目標を立てる。完全試合やノーヒットノーランといった大記録を狙うわけではなく、まずは完封。点を取られたら次は完投という感じで、局面によって1つひとつ目標を立てる。

——それは試合前のコンディションに関係なく?

極端に「今日はダメだな」と思う試合は、初球にしっかりストライクを取るとか、より初歩的な目標に切り替える。正直、結果はどうにでもなれというくらいに開き直って「初球にストライクが取れたならば自分の勝ちだ」と思いながら投げているときもある。

——打者との対戦については?

基本的には自分との戦いだから、「この打者を抑えたい」と思うのではなく、ここはゴロを打たせようとか、高めに浮かないようにとか、より具体的に、球種、コース、打者との駆け引きも含めて相手を打ち取る策を練る。それがヒットになったりアウトになったりの繰り返し。強打者を打ち取ったからといって一喜一憂することは、いまはもうない。

――四球については？

カウントや状況によって致し方ない場合もあるけど、単純にフォアボールはムダなものだと思っている。塁をタダで1つ与えるだけじゃなく、チームの流れも悪くなるから。

得点が多過ぎると隙が生まれることもあるので、注意も必要になる

勝ち試合の方が反省点が多い

――試合によって展開はコロコロ変わるが、次の回に備えベンチ前で準備している間は何を考えている？

イニング間は正直、「あまり点は取らないで…」と思っている（笑）。ピッチャーとしての究極はやはり1対0の勝利。もちろん効果的に援護点が入ると楽にはなるけど、自分の中に隙が生まれたりする。それよりも停滞した展開というか、同じスコアで進行してくれた方が自分的には楽。初回に味方がポンと3点くらい取って、そのまま最後まで投げきるというのが理想。まぁ完全に投手としてのわがままだけど（笑）。

――登板時の味方のエラーに関しては？

昔はそれこそ喜怒哀楽が表に出たりしていたけど、いまはなんとも思わなくなった。そこはキャリアを重ねるにつれうまく切り替えられるようになったし、試合後も「あのエラーがなければ勝てた」とか、そう考えることもない。逆に野手に助けられることも多々あるし、周りのミスも含めてしっかり勝てる投手になりたい。

――若手の頃と現在、考え方も変わった？

年々、試合に対する気持ちの起伏は穏やかになってきている。特に負け試合の気持ちの切り替えがうまくなった。昔は負けた試合後は必ずって言っていいほど対戦ビデオや配球チャートを見ながら色々と考え込んでいたけど、いまは負けたからといって見ることはない。逆に勝ち試合後の方が、振り返って反省することが多い。

——要するに勝敗関係なく、自分の投球ができたか否かってこと?

そう。基準はあくまで自分の納得度。例えば勝った試合でも、「何で大事な場面であんなボールを投げたのか」「ここを抑えていれば完封できた」とか。すべて結果論だけど、いまは勝った試合後の方がそう思うことが多い。

——勝利への執着心については?

極論を言ったら、いまは勝とうと思っていない。きっかけになったのは、ひじの手術開けで臨んだ11年のシーズン。その復帰登板のときは自分の中で「どうせ故障開けだし勝てるわけない」と思いマウンドに上がった。でもその開き直りで気分がずいぶん楽になって、そのとき「こういう考え方もあるんだ」と気づいた。もちろん内に秘めた闘志はあるけど、いまはその感情をほとんど表に出すことなく淡々と投げたいと思っている。

——自分の投球ができれば、自ずと結果も付いてくると?

そう。だからこそ周りを冷静に見ることができる。投手には集中すると熱くなる人もいるけど、僕は冷めているぶん、自分を客観視できているなと思う。そういう考え方にシフトしてからは、

自分の投球内容を重視するからこそ、勝ち試合の方が反省点が多い

周囲を冷静に見れるからこそ、自分を客観視しすることができる

実際に結果も残せるようになった。

――若い投手たちもそのことに早く気づけば良い投球ができるようになる?

　でも若い頃から自分を客観視して冷静にしろと言っても難しいと思う。例えば僕が、若い投手にマウンドに上がる心構えを説いたところで、やっぱり自分で気づいたり経験しないと耳には入らないと思う。それは考え方もそうだし、バッターとの駆け引きといったことも、やはり失敗して経験しないと自分のものにはならない。だから成功ばかりを求めない方がいいかなと。成功のための失敗もたくさんあるし、失敗しても落ち込んだり投げ出したりせず、それを次に繋げる向上心を持てば、いつか自分なりの対処法が見つかると思う。

アクシデントを引きずらず、いかにリセットできるか

――ケガや故障で長期間戦列を離れるのは辛いと思うが、吉見投手の場合、そういったときも前述のような心構えで過ごしてきたのか?

　一流選手とそれ以外の選手の違いというのは、やはりモチベーションの問題が一番だと思う。プロの世界にいる時点で、技術の差というのはそんなにないと思うし、いかに高いモチベーションを保ち続けられるかが重要。だから僕は、ケガをしたままシーズンを終えたりすると、その段階で一度リセットする。故障に泣いたシーズンで残念だったとか、あの試合で負けて悔しかったという思いは、次の年に持ち込んだりはしない。やってしまったことは仕方がないのだから、一度リセットして、また新たなシーズンに向けて身体を作って行こうと。うまく気持ちを切り替えられるかが、長く続く野球人生を考えれば大切なことだと思う。

――若い頃からうまく切り替えられた?

　いや、若い頃はうまく切り替えられず不安だらけだった。元々、故障を抱えた状態での入団で、自分のフォームもわかってなかったし、身体の状態すら正確に把握することができなかった。ただ投げて

常にモチベーションを保つために
すべてをリセットすることも大事

いるだけ。もちろん、経験もないから長いスパンで物事を捉えるという思考にも至らないし、その日がダメだったらすぐ落ち込んだり、逆に結果を一回残しただけで喜んだり…。その繰り返しだった。

――中長期的な視野が持てず、一喜一憂していたと？

そう。だから経験って本当に大事だと思う。トレーニングも成果はすぐには出ないし、自主トレからキャンプの時期に何で走り込むかというと、1年間戦える身体作りと、ランニングの質が落ちる夏場以降を見据えているから。走り込みに関しては考え方がそれぞれあると思うけど、僕はガソリンと同じだと思っている。いつガス欠になってもカバーできるように燃料だけは満タンにしてシーズンを迎えるようにしている。このやり方で着実に実績を残してきたから、このアプローチで正しいと思っている。

――シーズンの中盤以降、そのガソリンが切れそうになったことは？

ほとんどのシーズンがそう。もうランプが点滅しまくっている（笑）。でもその時期は、もうゴールが見えているから踏ん張れる。それこそモチベーションの問題。特に先発は、あと1ヶ月となると残り4登板くらいだと推測できる。それをどう捉えるか。「あと4試合だ」と思うのか「あと4試合もあるのか」と考えるか。それ次第でパフォーマンスも結果も大きく変わると思う。

――具体的にいつ疲労のピークを迎えるのか？

8月中旬から9月あたり。特

常に中長期的に考えることでトレーニングの質も上がる

に9月は、もういっぱいいっぱい。だからこそ毎年、夏場以降が勝負だと思っているから、メディアに対して「シーズン終盤で勝てるようにしたい」と常々言っている。1年間ずっと良い状態をキープするなんて不可能だから、前半戦を悪いなりに乗り切って、夏場にいい状態を持ってくるのが理想。だから前半戦はあまり労力を使いたくないというか、良い意味で淡々と投げるだけ。

——12年のように首位に大差をつけられるシーズンは、モチベーションを保つのも難しいと思うが?

モチベーションの上げ方はいろいろある。巨人戦は勝手にテンションが上がるし、広島戦は、例えばマエケン(前田健太)と投げ合うのなら、「黒星を付けてやろう」と思って試合に臨む。確かにチーム状況が気になることもあるけど、それを言い訳にしてはいけないと思う。

シーズン終盤で勝てる投手が目標

失敗し考えることでより成長する

——すでに実績を残しているが、投手としてこれからの理想像とは?

とにかく負けないピッチャーになりたい。極端に言えば、防御率は10点台でもいいから15勝できるピッチャー。防御率1点台の7勝より、10点台で15勝できる方が価値があるかなと。やはり先発ピッチャーは勝ち星で評価されるから。

——前述の「勝ちたいと思わない」と相反する考え方だが?

いや。勝ちたいと思わないというのは、あくまでもモチベーションの話。毎回「絶対に勝つ」と意気込んで臨むと空回りするだけだから。ただ結果として1年を振り返るのならば、やっぱり貯金を残せる投手の方がいい。

——そうなるために今後やるべきことは?

やっぱり自分を知るということ。いままで以上に。あとは、常に現状に満足しない向上心を持つことだと思う。

——今年の自主トレには数人の若手投手を連れていたが、それは彼らにいろいろ感じとってもらいたかったから?

そう。学校の勉強のように、先生に手とり足とり教えてもらいながら、回答を導くことも大事だと思うけど、自分で辞書を引いたり、パソコンで方程式を見つけたり自力で答えを導き出した方が、得るものも多いし成長スピードがより早いと思う。だから若手も、そのときは何でやるのかわからない練習に取り組んだとしても、他人の意見を参考にしたり、自分から理解度を深める努力をすれば成果は上がりやすいと思うし、教える人間がいなくても自分で考えて工夫や思考を培っておけば、いざというときに困らない。そういったところに期待していますね。

——それは若手選手だけではなく、子どもの成長にも言えること？

さっきも言いましたけど、失敗してナンボだと思う。最初から成功ばかりを求めてはいけないし、失敗はするものであって、決して恥ずかしいことではない。

——現代はネットも浸透し、子どもへの誘惑も多い。その中で、野球だけに関わらず、1つのことを持続し、それを極めるために必要なことは何？

当たり前だけど、まずは好きなことをやらせてもらっているという、感謝の気持ちを忘れないことが第一。毎日食べている食事も、両親の存在があるからこそ。子どものときに気づくのは難しいと思うけど、周りに対しての感謝の気持ちというのは常に忘れないで欲しいと思う。その次のステップとして、隠れたところで人の倍、練習するとか、人より10回多く素振りをするとか、自分の決めたことを実行できる継続力が大切。今も昔も、上手くなるためには練習しかないと思う。

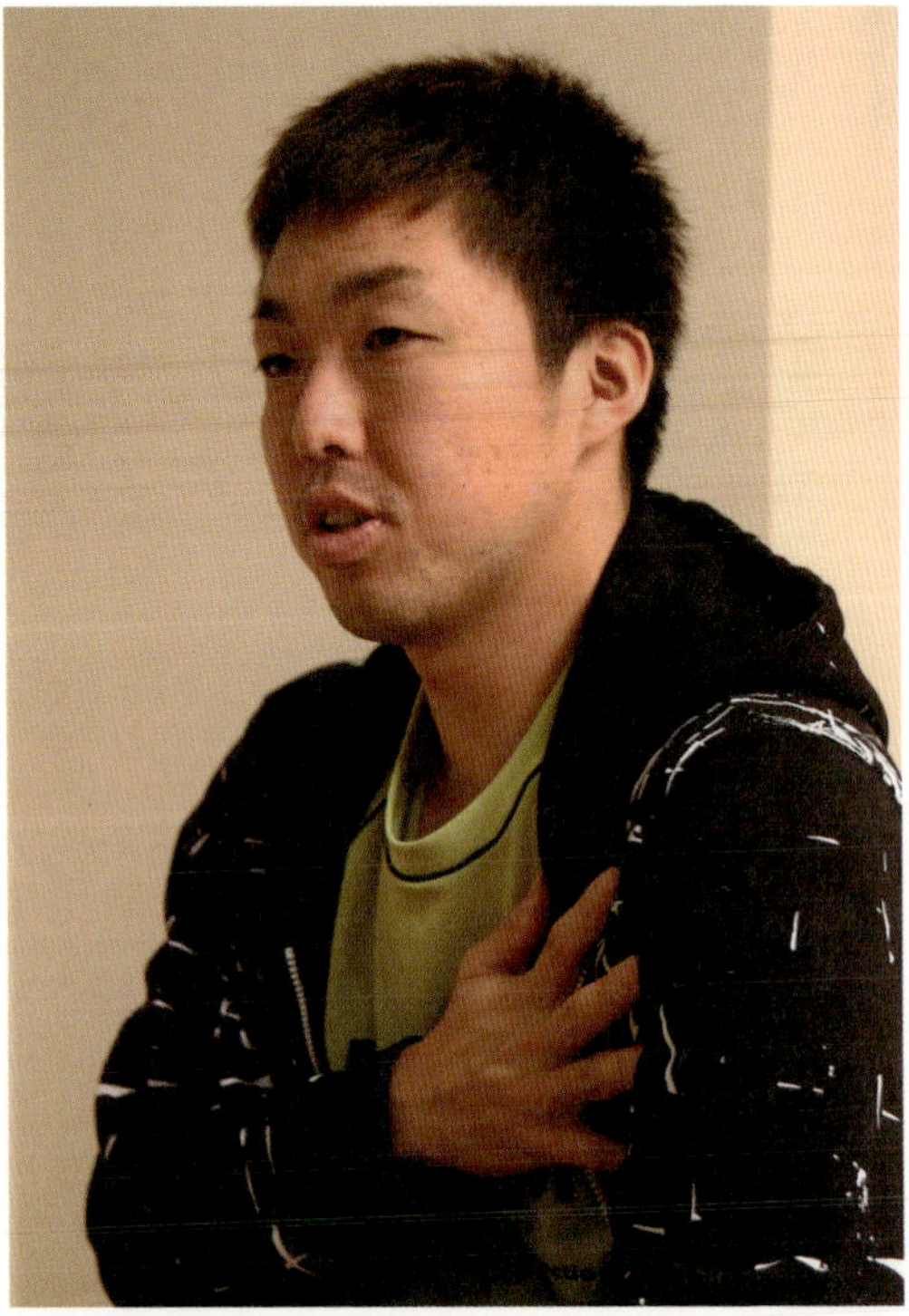
自分で考え工夫することで自分の引き出しも増える

投手として大事にしたいこと

今やリーグを代表するエースに成長した吉見。しかしここまでの道のりは決して順風満帆ではなく、むしろ3度の手術に代表されるように、どちらかというと波乱万丈の野球人生だと言える。ここまでの地位に登り詰めるまでにはいくつかのターニングポイントがあった。

技術面に関しては、制球力を重視するために取り入れたノーワインドアップモーションがそれだ。「カウントが3ボール1ストライクだとしても、『困ったらイチかバチかの真ん中勝負』ではなく、『困ってもしっかりコースで勝負』ができる投手でいたい」

以前のワインドアップから大幅なモデルチェンジ。名声を得てもなお、さらなる高みを目指す姿勢の裏には、変化を恐れない勇気があった。

メンタル面の成長については、故障による開き直りが好転のきっかけだったと語る。

「若い頃はすべての面で、気持ちの切り替えが下手くそだった。長いスパンでの考え方も知らなかったし、試合で味方がエラーしたらイライラが顔に出てしまっていた。そんな中、故障をしたままオフに入ったシーズンがあって、どうせならすべてをリセットした状態で、次のシーズンに臨もうと思った。そしたら不思議と前年の悔しさや疲労感がまったくなくなり、そこで気持ちの切り替え方のコツを掴んだ」

仕事も人生も何が好転のきっかけになるかわからない。それから吉見は一喜一憂することなく、広い視野を持って長いシーズンに挑んでいる。

疲労を蓄積しないためにも気持ちの切り替えが重要になる

ウェブ部分には自身のイニシャル「Y」がデザインされている

人差し指の動きでクセが分からないようにするため大きめのカバー

深めのポケットで握りを隠す
グローブ

● ミズノ社製

全体的には操作性を重視していてそこまで大きめではない。でも球種が多いので、打者や走者に握りが見えないようにするのを大事にしている。例えばフォークボールでも2種類あるから。だから土手部分には縦トジのタイプにして、ポケットを深めにしている。

握りが見えないように深めのポケット構造になっている

吉見一起が使用するギア

全体的に軽量化が計られているローカットタイプ

樹脂製ソールで前は三角
金具、後ろは独立の3本歯

軽量化とかかとの形状にこだわり

スパイク・シューズ

● ミズノ社製
● サイズ：約27.75cm

まずはスパイクは軽いのが好き。あとは形状にもこだわっている。かかと部分がバスケットシューズのようにフワっとしているのが嫌い。だから足の裏からかかと部分に関してなるべくフラットにしている。

足の裏からかかと部分
にかけてフラットな作り
になっている

ケンケン
（P69　アジャスト01 バランスの修正）
独自のアジャスト法。一般的なケンケンと同様、片足を浮かせた状態でもう片足だけで軽くジャンプし、着地したと同時にひざを折る。

サイドステップ
（P96　コンディショニング01 登板日）
反復横とびの要領で小刻みなステップを繰り返す。ラダーを使う場合もある。

有酸素トレーニング
（P106　コンディショニング03 登板間）
長い時間をかけて呼吸・循環器系機能を刺激し、身体内部に有益な効果を生むトレーニング。主にランニングやダッシュ系の運動。

ウエイトトレーニング
（P106　コンディショニング03 登板間）
マシンや自重などで筋肉に負荷をかけるトレーニング法。

インナートレーニング
（P106　コンディショニング03 登板間）
ゴムチューブなどを使い、身体の奥の方にある筋肉を鍛えるトレーニング。投手の場合、主に肩甲骨周りを鍛えるケースが多い。

体幹トレーニング
（P107　コンディショニング03 登板間）
身体を支えるための主要筋肉を鍛えるトレーニング。

ランジ
（P107　コンディショニング03 登板間）
ランジとは「突進する」という意味。トレーニングの観点では、大きく前に踏み込む動作を意味し、これらの動きを取り入れた運動をランジトレーニングという。

ペッパー
（P107　コンディショニング03 登板間）
パートナー役が左右にボールを投げ、それを手で拾い、また手渡しで返す反復練習。

ポールセンター
（P108　コンディショニング03 登板間）
ポール間の半分を指す。

用語説明

[練習編]

サードスロー

（P13　正しいキャッチボール）

約30メートルの距離をほぼ全力で投げる中日独特の練習方法。球場でやる際、三塁コーチャーボックスから一塁のコーチャーボックスの場所で行うため、この名前が付いた。

ライン

（P15　正しいキャッチボール）

文字通り「線」を意味する。投球だけではなく、ダッシュなどさまざまな練習で、現在地と目的地の線を意識する。制球力を重視する吉見独特の表現。

もも上げ（走）

（P32　足を上げる）

太ももの上げ具合を意識しながら、その場で上げ下げを繰り返す。実際に走る場合は「もも上げ走」。吉見曰く「身体のキレが増す」。

ポール間ダッシュ

（P53　投球フォーム07フォロースルー）

球場にある左右のポールを目印に走るトレーニング法。

リリース
（P47　投球フォーム06腕の振り）
ボールを投げる動作の中で、指からボールが離れた瞬間。

フォロースルー
（P52　投球フォーム07フォロースルー）
ボールをリリースしたあと、残った軸足を着地させるまでの動き。

割り
（P52　投球フォーム07フォロースルー）
一般的には、グラブと利き手の距離が一番離れた状態を指す。理論的には、テイクバックからトップの流れの中で「割り」の状態ができる。

クイック
（P63　投球フォーム09牽制）
早くキャッチャーにボールが着く投球動作。普段のセットポジションよりも足の上げ幅を小さくすることで、キャッチャーへのボール到達時間が短縮される。

サインプレー
（P63　投球フォーム09牽制）
野手同士がサインを交換し、積極的にバッターやランナーのアウトを狙うプレー。

ターン
（P71　アジャスト01バランスの修正）
投球モーションの流れの中で、前足が着地したあと、身体全体をバッター方向に向ける（ひねる）ための一連の動き。

ツーシーム
（P120　球種）
球種の一つ。ボールの軌道自体はシュートに似ている。

カットボール
（P122　球種）
球種の一つ。曲がり自体はスライダーに似た横変化で、打者の近くで小さく変化する。

チェンジアップ
（P127　球種）
球種の一つ。曲がり自体はフォークに近い縦変化。一般的にはフォークよりも球速がない。

ストラックアウト
（P125　球種）
ストライクゾーンを9分割し、各コースを狙って遊ぶ的あてゲーム。

［実技編］

ワインドアップ

（P27　投球フォーム01投球開始）

ピッチャーの構え方の一つ。振りかぶった状態から投げ始める。

ノーワインドアップ

（P27　投球フォーム01投球開始）

ワインドアップとは違い、振りかぶらずに構える手法。

セットポジション

（P29　投球フォーム09牽制）

ランナーを置いた状態でのピッチャーの構え方。

テイクバック

（P35　投球フォーム03テイクバック）

投球モーションにおける重心移動の流れの中で、腕を上げ、トップを作り出す動き。

トップ

（P41　投球フォーム04重心移動）

投球モーションの流れの中で、リリースに向けて腕を振り始める始点。弓道で例えると、弓を引ききった状態。

アジャスト

（P44　投球フォーム05トップ）

最善のパフォーマンスを実現するために、調整、調節すること。

マウンド
（P28　投球フォーム01投球開始）
ピッチャーマウンドを指す。

［ケア編］

セルフケア
（P87　コンディショニング01登板日）
自分自身で肉体管理をすること。

電気治療
（P101　コンディショニング01登板後）
電気的なエネルギーを身体に加え、治療する方法を指す。

超音波治療
（P101　コンディショニング01登板後）
音により振動刺激を利用して、肩やひじなどの患部を治療する方法。

アイシング
（P101　コンディショニング01登板後）
登板後や練習後、熱を持った肩やひじなどの患部を冷やす行為。

［その他］

配球チャート
（P101　コンディショニング01登板後）
主にストライクゾーンを9分割し、投げたコースや球種をリスト化した図表。ボールゾーンも含め、もっと細分化する場合もある。

［人物編］

金子千尋
（P27　投球フォーム01投球開始）
バファローズの絶対的エース。10年に17勝をマークし最多勝のタイトルを獲得。トヨタ自動車時代の吉見の先輩。

前田健太
（P29　投球フォーム01投球開始）
10年シーズンの沢村賞右腕。13年はWBC日本代表にも選ばれ、先発ローテーションの軸として活躍。

浅尾拓也
（P53　投球フォーム07フォロー）
吉見とは同い年で公私ともに仲が良い。近年の常勝・中日を支えるセットアッパーであり、11年のセ・リーグMVP。

森繁和
（P53　投球フォーム07フォロー）
落合博満監督の右腕として、04年から11年まで中日のコーチを務めた。選手からの人望も厚く、吉見にも多大な影響を与えた。

谷繁元信
（P65　投球フォーム09牽制）
中日の屋台骨を支える強肩巧打の捕手。13年の5月6日には、史上44人目となる2千本安打を達成した。

新井貴浩
（P65　投球フォーム09牽制）
阪神の中軸を支える主砲。13年の6月8日には史上39人目となる一千打点を記録。ちなみに12年の盗塁数はわずかに1。

岩瀬仁紀
（P85　コンディショニング01登板日）
中日の絶対的守護神。13年4月18日のヤクルト戦で、前人未到の350セーブを達成。吉見も一目置く大先輩。

マキシモ・ネルソン
（P87　コンディショニング01登板日）
08～12年まで中日に在籍した助っ人投手。11年は先発の柱として10勝をマーク。チームのリーグ優勝にも貢献した。

ホルヘ・ソーサ
（P87　コンディショニング01登板日）
中日時代の12年シーズンは、50試合以上に登板するなど中継ぎとして活躍。13年からDeNA所属。

［施設編］

プレート
（P27　投球フォーム01投球開始）
ピッチャーが投球を開始する投手板。ゴム板でできており、投球時には必ず軸足が触れていなければならない。

Dragons
19

EPILOGUE

考えることの重要性

ひとえにプロの世界と言っても、結果を残せる者とそうでない者がはっきり分かれる厳しい世界。その中で、結果を残している選手の共通点が「考える力」だ。

プロ入りしている時点でそれなりの身体能力を持ち合わしているため、なかなか結果を残せない選手は、チームで組まれている練習メニューをただ消化すれば、そのうち結果が出ると思いがちだ。

それから危機感を持って自発的な練習を始めたとしても、今度は自分がそれまでやってきた流儀を過信しすぎて、なかなか周りの意見に素直に耳を傾けられなかったりする。期待されながら若くして辞める選手や、なかなか一軍に定着できない選手の中には、結構このようなタイプが多い。

吉見の場合は、故障が1つのターニングポイントになった。若い頃はスピードへのこだわりを持っていたが、右ひじに不安を抱える中でスピードへのこだわりを捨て、現在の制球力を重視するスタイルにシフトチェンジした。さらに経験を重ねていく中で、身体的、精神的、それぞれのアジャスト法を確立。その引き出しは年々増える一方で、ピッチングの安定感も増すばかりだ。

11年まで、エースと投手コーチの間柄だった森繁和氏も、自身の著書「参謀」の中で、「ランニングを一人で黙々とやりながら、自分のこと、野球のこと、ピッチングのことを考えられる。吉見は、それができる投手だった」と、意識の高さを讃えている。

一方で、多くのこだわりも持っている点も吉見の特徴。試合前は、リフレッシュ効果もある験担ぎを毎回行い、最終調整のブルペンでは、事前の準備から開始時間、投球数に至るまで、毎回、時間と数はキッチリ揃える。また、ストロングポイントでもある制球力に関しても、揺るぎない哲学を持っている。

これまでのキャリアで培った信念と、自分を客観視する姿勢。このバランスこそ、リーグを代表するエースの真骨頂かも知れない。

冒頭でも述べたが、吉見は13年6月4日に3度目の手術を受け、1年近いリハビリに入った。投手生命を脅かすかも知れない大手術だが、それでもすんなりと戦列に復帰し、またコンスタントに白星を重ねる気がする。壁にぶち当たったとしても、じっくり考え、周りの意見を聞き、困ったらアジャスト用の引き出しを開ける。柔軟な思考力と実行力こそ、吉見一起最大の武器だ。

[タイトル]

●最多勝利:2回(09年、11年)

●最優秀防御率:1回(11年)

●最高勝率(当時連盟表彰なし):1回(11年)※セ・リーグでは、72年まで表彰

[表彰]

●最優秀バッテリー賞:1回(11年、捕手:谷繁元信)

●最優秀投手:1回(11年)

●クライマックスシリーズMVP:1回(11年)

●日本シリーズ敢闘選手賞:1回(11年)

●月間MVP:2回(11年9月、12年8月)

●ファーム日本選手権MVP:1回(07年)

●ベストナイン:1回(11年)

●オールスターゲーム出場:3回(09年、10年、11年)

[投手記録]

●初登板:06年9月10日、対広島東洋カープ17回戦(広島市民球場)、8回裏2死に6番手で救援登板、1回1/3を無失点。

●初先発・初勝利:06年9月18日、対横浜ベイスターズ14回戦(横浜スタジアム)、5回2失点。

●初奪三振:06年9月18日、対横浜ベイスターズ14回戦(横浜スタジアム)、1回裏に金城龍彦から見逃し三振。

●初ホールド:08年3月30日、対広島東洋カープ3回戦(ナゴヤドーム)、6回表に2番手で救援登板、2回無失点。

●初完投勝利・初完封勝利:08年4月6日、対東京ヤクルトスワローズ3回戦(ナゴヤドーム)。

●最多完封:08年(2試合)、09年(4試合)、11年(3試合)、12年(2試合)。

● シーズン最多無四球試合:09年、11年、12年(すべて3試合)

打者	投球回	被安打	被本塁打	与四球	敬遠	与死球	奪三振	失点	自責点	防御率
53	13.1	10	1	3	0	0	10	4	4	2.70
74	14.2	25	5	7	0	0	14	14	12	7.36
476	114.1	118	11	25	0	4	82	46	41	3.23
750	189.1	166	10	33	2	3	147	52	42	2.00
659	156.2	159	19	25	4	5	115	67	61	3.50
734	190.2	143	8	23	1	4	120	38	35	1.65
529	138.2	121	5	13	0	0	76	28	27	1.75
157	36.1	40	5	10	0	0	29	19	19	4.71
432	854	782	64	139	7	16	593	268	241	2.54

プロフィール

吉見一起（よしみかずき）
1984年9月19日、京都府福知山市出身。
右投右打
182cm91kg
金光大阪高から社会人・トヨタ自動車を経て、05年ドラフト希望枠で中日ドラゴンズ入団。

年度	登板数	先発	完投	完封	無四球	勝利	敗戦	セーブ	ホールド	勝率
2006	4	2	0	0	0	1	0	0	0	1.000
2007	5	4	0	0	0	0	1	0	0	0.000
2008	35	14	3	2	0	10	3	0	10	0.769
2009	27	25	5	4	3	16	7	0	1	0.696
2010	25	25	1	1	0	12	9	0	0	0.571
2011	26	25	5	3	3	18	3	0	0	0.857
2012	19	19	6	2	3	13	4	0	0	0.765
2013	6	6	0	0	0	1	4	0	0	0.200
通算	147	120	20	12	9	71	31	0	11	0.696

吉見一起の
ピッチングバイブル

10月30日第1版第1刷発行
[著者] 吉見一起
[発行者] 大田川茂樹
[発行所] 株式会社　舵社
〒105-0013　東京都港区浜松町
1-2-17ストークベル浜松町
電話: 03-3434-5181 (代表) 03-3434-4531 (販売)
[制作・構成] 山岡則夫 (Innings,Co. / Ballparktime.com)
上村祐作
[撮影] 河野大輔、神谷渚
[イラスト] 庄司猛
[編集] 大田川茂樹、出下久男
[デザイン] 鈴木洋亮
[印刷] 図書印刷株式会社
[協力] 株式会社中日ドラゴンズ
内田康貴 (株式会社ビークリエイティブエージェンシー / www.bca-inc.jp)
鴻江寿治 (KOUNOE SPORTS ACADEMY)
ビィーゴ株式会社 (www.vigo.co.jp)
ISBN978-4-8072-6553-4